사랑의
이유

사랑이 반드시 그 대상의 내재적 가치의 지각을 근거로 반응하는 것은 아니다. 물론 때때로 그렇게 발생할 수 있지만 반드시 그럴 필요는 없다. 사랑은 매우 다양한 자연적 원인으로 발생할 수 있다. 사랑하는 대상의 가치를 모르는 채로 또는 그 가치에 전혀 감동받지 않은 채로 혹은 그것이 특별한 가치를 갖지 않는다는 것을 확실히 알고 있음에도 사랑하게 되는 일은 가능하다. 사랑하는 대상의 내재적인 본성이 실제로는 매우 나쁘다는 것을 확실히 알고 있음에도 어떤 사람을 사랑하게 되는 일조차 가능하다. 이러한 유형의 사랑은 확실히 불행이다. 하지만 그런 일이 생긴다. 사랑은 그 자체로 사랑하는 자에게는 이유의 원천이며 사랑하는 관심의 행위, 헌신의 행위를 일어나게 하는 이유를 창조한다.

해리 G. 프랭크퍼트 저

박찬영 역

사랑의 이유

씨
아이
알

차 례

One

물음:
"우리는 어떻게 살아야 하나?"

물음:
"우리는 어떻게 살아야 하나?"

1

우리는 플라톤과 아리스토텔레스라는 두 권위자 덕분에 철학이 경이wonder에서 시작했음을 알고 있다. 사람들은 그들을 놀라게 한 다양한 자연 현상에 관하여 알고 싶어 했다. 또한 사람들의 사유 과정 안에서 갑자기 등장한 이해하기 힘든 논리적, 언어적, 개념적 문제로 나타나는 수수께끼를 해결하기 위해 골똘히 생각했다. 소크라테스는 놀라운 예로서 어떤 사람이 키가 줄어들지 않았음에도 다른 사람보다 키가 작아질 수 있다는 사실을 언급한다. 우리는 '소크라테스는 도대체 왜 이러한 피상적인 역설을 불편해 했을까?'를 궁금해할 수 있다. 분명히 소크라테스는 우리가 느끼는 것 이상으로 그 문제를 훨씬 더 재미있는 문제로 간주했을 뿐만 아니라 훨씬 더 어렵고 불편한 문제로 간주하였다. 소크라테스의 대화 상대자인 테아이테토스는 이 문제 및 유사한 다른 문제를 언급하면서 "때때로 나는 그 문제들을 생각하면 정말 어지러움을 느낀다."[1]라고 말한다.

아리스토텔레스는 최초의 철학자들을 경이로 이끌어간 사물 유형의 훨씬 더 뚜렷한 예시 목록을 제공한다. 아리스토텔레스는 스스로 움직이는 인형(분명 그리스 사람들도 이를 갖고 있었다), 특정 우주 및 천문 현상, 사각형의 변과 대각선은 같은 척도로는 측정이 불가능하다는 사실을 언급한다. 이러한 것들을 단지 어리둥절하게 한다puzzling고 규정하는 것은 적절하지 않을 것이다. 우리를 깜짝 놀라게startling 하며, 불가사의marvels하다. 그것들이(스스로 움직이는 인형, 우주 및 천문 현상이나 수학적 사실) 야기하는 반응도 아리스토텔레스가 표현하듯 그저 "그것이 그렇다는 점에 놀라워함"[2]보다 훨씬 더 심오하고 마음을 동요시켰음이 틀림없다. 그 반응은 신비神秘, 괴기怪奇, 경외敬畏의 감정으로써 공명共鳴하였음이 틀림없다.

---

1 *Theaitetos* 155d.
2 이 장의 아리스토텔레스 인용 모두는 *Metaphysics* 982-983에서 유래한다.

사랑의 이유

초기의 철학자들이 우주의 비밀을 통찰하려고 노력하고 있었
든지, 혹은 그냥 지극히 일상적인 어떤 사실에 관하여 명석하게
사유하는 방법을 알아내려고 노력하고 있었든지, 또는 어떤 평범
한 관찰을 엄밀하게 표현하는 방법을 알아내려고 노력하고 있었
든지 간에, 아리스토텔레스는 그들의 탐구는 보다 실천적인 어떤
부가적 목적도 갖지 않았다고 전한다. 초기 철학자들은 무지를
극복하기 위해 열심이었지만 이 정보가 (실천적으로) 필요하다고
생각했기 때문은 아니었다. 사실, 그들의 야망은 오로지 사변적
이거나 이론적이었다. 사물이 다른 방식으로 존재하는 일이 부자
연스럽거나 심지어 불가능한 이유를 합리적으로 이해하는 방식
을 발전시킴으로써, 사물의 존재 상태에 대한 그들의 최초의 놀
라움을 없애려는 것, 그 이상은 원하지 않았다. 어떤 것만 기대할
수 있었다는 사정이 분명해진다면, 그것이 최초의 경우에 야기할
수 있었던 놀라움은(어떤 의미의 놀라움이든지 간에) 사라지게
된다. 아리스토텔레스는 직각 삼각형을 다음과 같이 말한다. "만
일 빗변이 측정 가능한 **것임**be이 드러난다면, 그것만큼 많이 **기하
학자**geometer를 놀라게 할 일은 없을 것이다."3

---

3 물론 아리스토텔레스가 여기서 말하고 있는 것은 피타고라스 정리에 관한 것이다.

나는 여기서 이제 무엇보다, 인간이 보통 사로잡혀 있는 어떤 불편과 불안을 다루고자 한다. 이것들은 소크라테스가 언급한 논리적인 난점이 야기하는 불편 및 불안의 유형과는 다르며, 또한 아리스토텔레스의 목록에서 세계의 특징에 대한 반응으로 일어나는 경향이 있는 불편 및 불안의 유형과도 다르다. 그 불편과 불안은 보다 더 실천적more practical이고, 인생을 의미 있게 살려고 노력하는 우리의 관심과 밀접히 연관되기 때문에, 보다 더 긴급하다more urgent. 우리로 하여금 그것들을 탐구하도록 압박하는 것은 사심 없는 호기심, 당혹감, 경이, 경외가 아니다. 전혀 다른 변형의 심리적 압박, 즉 일종의 지속적인 불안, 혹은 거북함nagging anxiety, or unease이다. 이러한 문제에 관해 생각하면서 우리가 만나는 난점은 때때로 아마 우리를 어지럽게 만들 것이다. 하지만 그 난점은 우리가 우리 자신을 난처하게, 불편하게, 불만스럽게 느끼

이에 관한 재미있는 이야기가 있다. 피타고라스가 이 놀라운 발견을 했을 때, 그는 2의 제곱근이 유리수가 아니라는, 거의 믿을 수 없고 이해 불가능하지만 그럼에도 엄밀하게 증명 가능한 이러한 사실에 크게 동요되었다. 아리스토텔레스가 "가장 작은 단위로도 측정될 수 없다."고 말한 어떤 것이 존재한다는 인식에 의해 피타고라스는 깜짝 놀랐다. 그런데 피타고라스는 수학자일 뿐만 아니라 종교적인 종파의 지도자였다. 그리고 그는 그의 정리에 의해─수학적인 실재의 신비스럽게 비합리적인 (nonrational) 특성의 계시에 의해─너무 깊이 감동하여서, 그의 제자들에게 소 백 마리를 예배에서 희생물로 바칠 것을 명령하였다. 그 이후로 중요한 새로운 진리가 발견되면 소들이 두려워 떤다는 이야기가 전해진다.

게 하기 더욱더 쉽다.

　이 책의 주제들은 인생의 일상적인 행위와 연관된다. 이 주제들은 궁극적인 동시에 시초적인 물음인 "사람은 어떻게 살아야 하는가?how should a person live?"라는 물음과 이러저러한 방식으로 연관된다. 물론 이것은 단지 이론적이거나 추상적인 관심의 물음이 아니다. 그 물음은 구체적으로, 매우 개인적인 방식으로 우리와 연관된다. 그 물음에 대한 우리의 대답은 직접적으로 폭넓게 "우리가 어떻게 행동하는가?how we conduct ourselves" 하는 문제와 ─ 혹은 적어도, "우리가 어떻게 행동하려고 계획하는가?how we propose to do so" 하는 문제와 ─ 연관된다. 그 대답이 "우리가 우리 인생을 어떻게 경험하는가?how we experience our lives" 하는 문제에 영향을 준다는 점이 아마 한층 더 중요할 것이다.

　자연 세계를 이해하려고 할 때, 우리는 적어도 부분적으로는, 이러한 일이 우리가 세계 안에서 보다 더 편안히 사는 것을 가능하게 할 것이라는 희망에서 그렇게 한다. 우리의 환경을 우리가 숙지하는 정도로, 우리는 이 세계에서 집처럼 더 편안히 느낄 수 있다. 다른 한편으로, 삶의 방식에 관한 물음을 해결하려는 우리의 시도에서 우리가 희망하는 것은, 우리 자신과의 관계에서 집처럼 편안히 느끼는 보다 더 내밀한intimate 편안함이다.

2

"사람은 어떻게 살아야 하는가?"라는 물음에 속하는 철학적인 문제들은 실천이성의 일반론의 영역에 귀속한다. '실천이성practical reasoning'이라는 개념은 무엇을 할지를 결정하려는 숙고, 혹은 수행된 것을 평가하려는 숙고의 여러 변형을 지시한다. 이것들 가운데 특별히 **도덕적**moral 평가의 문제에 집중하는 특별한 변형의 숙고가 있다. 당연히 실천이성의 이러한 종種을 다른 사람들뿐만 아니라 철학자들도 엄청나게 주목한다.

도덕성 원리the principles of morality가 무엇을 요구하는지, 그 원리가 무엇을 지지하는지 그리고 그 원리가 무엇을 금지하는지를 우리가 이해하는 일은 분명히 중요하다. 물론 우리는 도덕적인 고려를 진지하게 생각할 필요가 있다. 하지만 내 생각으로는 우리 인생의 방향을 정하는 일에서 도덕성이 갖는 중요성은 과장되는 경향이 있다. 도덕성은 선호preferences를 형성하는 일, 행위를 인도하는 일에 보통 추정되는 것보다 훨씬 덜 적합하다less pertinent. 무엇을 우리가 가치 있게 생각해야 하는가, 어떻게 우리가 살아야 하는가 하는 물음에 관하여 우리가 알 필요가 있는 것을 도덕성은 (보통 추정되는 것보다) 훨씬 덜 알려준다. 또한 도덕성은 훨씬 덜 권위 있다. 심지어 도덕성이 (이전의 물음과) 연관된 어떤 것을 정말로 말할 때조차, 그것이 반드시 최종 결정을 하는 것도 아니다. 우리 인생의 규범적으로 중요한 측면을 현명하게 다루려는 관심의 관점에서 보면, 도덕적인 명령은 우리가 믿도록 흔히 격려된 것보다 훨씬 덜 포괄적이고 동시에 훨씬 덜 결정적이다.

양심적이고 도덕적인 사람들이 성품이나 체질의 결함 때문에, 어떤 합리적인 사람도 자유롭게 선택하지 않을 인생을 영위하는 운명을 소유할 수 있다. 그들은 도덕성과 많은 연관은 없지만 그들이 잘 사는 일을 불가능하게 하는 개인적인 결함과 부적절한 점을 소유할 수 있다. 예컨대 그들은 정서적으로 천박하거나 활력이 부족하거나 항상 결단 능력이 부족할 수 있다. 비록 어떤 목표를 적극적으로 선택하고 추구한다 하여도, 그들은 너무 김빠진 야망에 헌신함으로써 그 경험은 대체로 무미건조하고 풍미가 없을 수 있다. 결과적으로 그들 인생은 지극히 평범하고 공허할 수 있다. 그리고 그들이 자기 자신에 대해 이것을 인식하든 그렇지 않든 간에 그들은 무시무시할 정도로 지루해할 수 있다.

도덕적이지 않은 사람은 행복할 수 없다고 주장하는 사람들이 있다. 아마 '도덕적임'이 만족스러운 인생의 불가결한 조건의 하나라는 점은 참일 것이다. 하지만 그것이 불가결한 유일한 조건이 아님은 확실하다. 건전한 도덕적 판단은 행위를 평가하는 과정에서 불가결한 유일한 조건조차 아니다. 도덕성은 사람이 어떻게 살아야 하는가 하는 물음에 기껏해야 매우 제한되고 불충분한 대답 하나만을 제공할 수 있다.

도덕성의 요구는 본래 우선권이 있다고 — 달리 말하면, 그것에게 다른 이익과 주장 모두에 앞선 우선권이 항상 주어져야만 한다고 — 흔히 추정된다. 나는 그럴 것 같지 않다고 본다. 더욱이, 내가 아는 바로는 그렇다고 믿게 만들 어떤 정말 설득력 있는 이유도 없다. 도덕성은 타인의 필요, 욕구, 권리를 우리의 태도와 행위가 어떻게 고려해야 하는가 하는 문제와 매우 특별하게 연관되어 있다.**4** 그런데 왜 **그것이**that 예외 없이 우리 인생에서 가장 강압적인 것으로 간주되어야만 하는가? 확실히 타인과의 관계는 우리에게 엄청나게 중요하다. 그러한 관계가 야기하는 도덕성의 요구는 따라서 부정할 수 없이 막중하다. 하지만 이 관계보다 우

---

4 물론 도덕성 주제를 다르게 해석하는 방법도 있다. 하지만 보다 아리스토텔레스적인 의미에서 우리의 본질적 본성의 충족에 관계한다고(as concerned with the fulfillment of our essential nature) 정의하는 대신에 도덕성을 타인을 향한 우리의 관계와 연관되어 있다고(as concerned with our relationships to others) 정의하는 일은 도덕 이론이 다루어야 할 가장 심오하고 가장 어려운 문제로 많은 사람이 생각하는 것을 특별히 강조하는 장점을 갖는다. 그 문제는 바로 도덕성의 요구와 자기-이익의 요구 사이의 갈등이라는 외견상 불가피한 가능성이다.

리에게 더 중요하게 간주될 수 있는 것이 한 번도, 어떤 상황에서도, 존재하지 않는다는 점, 또한 도덕적 고려가 다른 유형의 고려 모두보다 불변적으로 더 중요하다고 받아들여져야 한다는 점, 이 점을 우리가 가정해야 할 이유는 이해하기 어렵다.

이 문제에서 사람들을 오도하는 것은 아마, 도덕성의 요구를 수용하는 일에 대한 대안은 탐욕스럽게 스스로를 자기-이익 self-interest, 이기심으로 이끌도록 허용하는 일이라는 가정일 것이다. 이 가정에 따르면, 어떤 사람이 자신의 행동을 도덕적 제약에 굴복시키는 일을 주저하는 경우는 아마 자신의 이득 취득 욕구가 그 동기임이 틀림없을 것이다. 이 욕구는 전혀 고상하지 않은 속좁은 욕구이다. 그렇다면 비록 도덕적으로 금지된 행위가 이해될 수 있고 아마 용서될 수도 있는 상황이 존재한다 하여도, 그러한 유형의 행위는 결코 경탄이나 진정한 존경의 가치가 없는 것처럼 보일 것이 당연하다.

하지만 매우 합리적이고 존경할 만한 사람들조차 때때로 도덕성 **혹은** 자기 자신 **둘 중 하나**보다 either morality or themselves 다른 것이 더 중요한 의미를 가질 수 있고 그들에게 더 큰 요구를 할 수 있다고 생각한다. 도덕적 고려 및 이기적 고려 둘 중 어느 것에도 정초되어 있지 않지만 매우 적절하게 강제적인 규범성의 양

태가 존재한다. 어떤 사람은 이상理想을(예컨대 미학적, 문화적,
종교적 이상aesthetic, cultural, or religious ideals을) 위하여 정당하게 헌신할
수 있다. 이 이상이 그에게 갖는 권위는 도덕적 원리가 특별히
관계하는 절실한 요구와는 무관하다. 그리고 그는 이러한 도덕무
관적인 이상nonmoral ideals을 그 자신의 개인적인 이익을 전혀 고려
하지 않고 추구할 수 있다. 비록 도덕적인 요구가 필연적으로 우
선권을 갖는다고 널리 가정되고 있지만, 도덕과 무관한 규범성의
어떤 양태에 (도덕보다) 더 높은 권위를 할당하는 일이 반드시
항상 (적절한 중요성과 무관하게, 모든 상황에서) 오류라는 것은
전혀 올바르지 않다.

3

'무엇을 해야 하는가?'와 '어떻게 행동해야 하는가?'에 관한 권위
있는 추론은 도덕적인 숙고에 한정되지 않는다. 내가 제안했던
것처럼 인생의 행위와 연관된 도덕무관적인nonmoral 규범 양태의
관점에서 평가하는 일에까지 그 추론의 범위가 확장된다. 따라서
연관된 숙고 유형의 관점에서 볼 때, 규범적 실천이성 이론theory

of normative practical reasoning이 도덕철학moral philosophy보다 더 포괄적이다.

또한 규범적 실천이성 이론은 도덕철학보다 더 심오하다. 왜냐하면 그것은 도덕성 규범보다 더 포괄적이고 더 궁극적인 평가 규범에 속하는 문제를 포함하기 때문이다. 도덕성은 실제로 사태의 밑바닥까지 내려가지 않는다. 결국, 우리에게 적절히 부과될 수 있는 도덕적인 요구를 우리가 인식하고 이해하는 일은 문제 해결에 충분하지 않다. 어쨌든 그런 일은 우리의 행위에 관한 관심사를 해결하는 데 충분하지 않다. 더욱이 우리는 도덕적 요구에 얼마나 많은 권위를 부여하는 것이 합리적인지를 알고 싶어한다. 그런데 바로 이 문제에서 도덕성 자체가 우리를 만족시킬 수는 없다.

'도덕적으로 유덕함being morally virtuous'에 전념하는 일을 절대적으로 주도적인 개인적 이상으로 생각하는 몇몇 사람이 있을 것이다. 그들에게는 도덕적임이 다른 무엇보다 무조건 더 중요하다. 이 사람들은 당연히 도덕적인 요구를 무조건 최우선적인 것으로 수용할 것이다. 하지만 그것이 인간의 인생을 위한 이해 가능한 혹은 호소력 있는 유일한 디자인[설계]인 것은 아니다. 다른 이상과 다른 가치 척도도 우리에게 매력이 있고, 이것들이 우리의 지배적 충성심을 얻기 위한 합리적인 경쟁자로 우리에게 강력하게 스스로를 추천한다는 것을 우리는 알 수 있다. 따라서 우리가 도덕 법칙의 명령을 엄밀하게 식별한 이후에도 (우리 대부분에게는) 그러한 도덕 명령에 복종하는 일이 과연 얼마나 중요한가 하는 한층 더 기본적인 실천적 물음이 여전히 남아있다.

4

실천이성의 다양한 구조와 전략을 철학자들이나 경제학자들 또는 다른 사람들이 분석하려고 시도할 때 그들은 보통 다소간 표준적이지만, 그럼에도 빈약한 개념적인 레퍼토리[목록]를 끌어들인다. 이러한 한정된 자원들 가운데 가장 기초적이며 불가결한 자원은 아마 사람들이 무엇을 **원하는가**want 하는 개념 혹은 (적어도 내가 여기서 채용하게 될 조금은 강압적인 관행에 따르자면) 동의어적으로 사람들이 무엇을 **욕구하는가**desire 하는 개념일 것이다. 이 개념은 어디서나 광범위하게 발견된다. 그것은 또한 지나치게 과부하되어서 조금 무기력하다. 심리적인 조건 및 사건의 이질적이고 제어 불가능한 집합을 지시하기 위하여 사람들은 습관적으로 그 개념을 다른 역할로 많이 활용한다. 더욱이 그 개념의 다양한 의미는 거의 구분되어 있지 않다. 또한 그 다양한 의미의 연관 방식을 해명하기 위한 노력도 많지 않다. 상식 및 일상 화법의 부정확한 사용 안에서 이러한 문제들은 보통 부주의하게 도 규정되지 않은 채로 남아있다.

결과적으로 우리 인생에서 중요하게 문제되는 다양한 측면을 우리가 이해하는 일은 계속 불완전하고 혼란스럽다. 개념들의 표준 목록은 간편하다. 그러나 그것은 아주 중요한 어떤 현상의 해명을 적절히 제공하지는 않는다. 이 중요한 현상이 보다 더 예리하게 주목되어야만 한다. 그러므로 개념적 자원의 일상적인 집합체는 어떤 부가적인 개념들을 명확히 설명하는 일로 풍부해질 필요가 있다. 이러한 부가적 개념들도 역시 욕구 개념처럼 일상적이고 동시에 기본적이다. 하지만 억울할 정도로까지 그 개념들은 무시되고 있다.

5

우리가 **원하는**want 다양한 사물이 있다는 사정을 그저 애매하게 관찰하는 일은 우리의 행위를 유도하는 동기motives를 식별하거나 우리의 태도와 사유 작용을 형성하는 동기motives를 식별하는 데 자주 불충분하다. 그러한 관찰은 보통 너무 많은 것을 배제한다. **우리가 마음 쓰는**we care about 어떤 것이 있다거나—이 말과 아주 동등한 것으로 내가 앞으로 (약간은 고의로) 사용하게 될 말투인데—**우리가 우리에게 중요한 것으로 간주하는**we regard as important to ourselves 어떤 것이 있다고 말하는 일이, 많은 맥락에서 더욱더 엄밀하고 동시에 충분한 설명력을 갖는다. 게다가 특정 상황에서 우리를 움직이는 것은 마음 씀의 특히 중요한 변양 중 하나인 바로 **사랑**love이다. 실천이성의 이론이 의거하는 레퍼토리를 확장시킬 것을 제안하는 일에서, 우리가 마음 쓰는 것, 우리에게 중요한 것 그리고 우리가 사랑하는 것what we care about, what is important to us, and what we love, 이것들이 내가 생각하고 있는 부가적 개념이다.

물론 원하는 일wanting과 마음 쓰는 일caring about 사이에는 중요한 연관이 있다. 실제로 마음 씀이라는 개념은 많은 부분 욕구desire라는 개념으로 구성되어 있다. 어떤 것에 마음 쓰는 일은 결국 그것을 원하는 일의 어떤 복합 양태에 지나지 않을 것이다. 하지만 어떤 사람이 욕구를 갖고 있다고 그냥 인정하는 일은 그 자체로 그 사람이 욕구 대상에 마음 쓰고 있다는 사정을 전해 주지 않는다. 사실 그 인정은 욕구 대상이 그 사람에게 도대체 어떤 (많은) 의미가 있다는 사정도 전해주지 않는다. 누구나 알다시피 우리의 많은 욕구는 극도로 보잘것없다. 우리는 진짜로 그러한 욕구에 마음 쓰지 않는다. 그 욕구를 충족하는 일은 우리에게 전혀 중요하지 않다.

반드시 해당 욕구가 미약하기 때문에 그런 것은 아니다. 욕구의 강도[세기]intensity는 다른 경향성과 관심을 밀어내어 제거하는 능력을 의미한다. 하지만 단적인 강도는, 우리가 원하는 것에 관하여 우리가 실제로 마음 쓰는가 하는 문제에 대해서는 아무것도 함의하지 않는다. 욕구의 힘 차이는 우리의 평가적 태도와는 정말 무관한 온갖 것에 기인할 것이다. 그 힘 차이는 욕구된 대상들이 우리에 대하여 갖는 각각의 중요성에 근본적으로 (일대일)대응이 불가능할 것이다.

물론 만일 우리가 어떤 것을 정말 몹시 원하게 된다면, 우리의 욕구가 좌절되었을 때 겪게 될 불편을 피하는 일에 우리가 마음 쓰는 것은 참으로 당연하다. 하지만 **이 일에**this 마음 쓰는 것으로부터 우리가 그 욕구의 충족에 마음 쓴다는 점이 귀결되지 않는다. 그 이유는 다른 방식으로, 즉 욕구 대상의 획득 대신에 욕구 포기로써 우리가 좌절을 회피할 수 있기 때문이다. 그리고 이 대안은 우리에게 더 많은 호소력을 가질 수 있다. 욕구의 충족이 가치 없거나 해롭다고 믿는 경우 사람들은 때때로 상당히 합리적으로 욕구를 충족하려고 노력하기보다 오히려 욕구를 완전히 포기하려고 노력할 것이다.

욕구를 선호preference의 순서로 정리함으로써 사람들이 원하는 것의 개념을 증대시키는 일은 도움이 되지 않을 것이다. 왜냐하면 어떤 것을 다른 것보다 더 원하는 사람은 전자가 후자보다 자신에게 조금이라도 더 중요하다고 간주하지는 않을 것이기 때문이다. 잠깐 시간을 보낼 필요가 있는 사람이 텔레비전을 시청하기로 결정한다고 가정하자. 그리고 그가 어떤 프로그램을, 시청 가능한 다른 프로그램보다 그 프로그램을 선호하기 때문에, 시청하기를 선택한다고 가정하자. 이 경우 해당 프로그램을 시청하는 일이 그가 마음 쓰는 일이라고 추론하는 일은 타당하지 않다. 그는 결국 그저 시간을 보내기 위해 그 프로그램을 시청한다. 그가 해당 프로그램을 다른 것보다 선호한다는 사실은 그가 다른 것보다 이것을 시청하는 일에 더 마음을 쓴다는 것을 함의하지 않는다. 왜냐하면 선호 사실은 그 프로그램을 보는 일 자체에 그가 마음 쓴다는 사정을 함의하지 않기 때문이다.

어떤 것에 마음 쓰는 일은 그것을 원하는 일과 다르고, 다른 것보다 그것을 더 원하는 일과도 다르다. 그뿐 아니라, 그 일은 그것을 내재적으로 가치 있는intrinsically valuable 것으로 간주하는 일과도 다르다. 비록 어떤 사람이 어떤 것이 상당한 내재적 가치를 갖고 있다고 믿는다 하여도, 그는 그것을 자신에게 중요한 것으로 간주하지 않을 수 있다. 어떤 것에 내재적 가치를 귀속시키면서 우리는 아마, 어떤 사람이 그것을 그 자체 때문에, 즉 단순히 어떤 다른 것을 위한 수단으로가 아니라 궁극적 목적으로 욕구하는 일이 정말 이해 가능함을 의미할 것이다. 하지만 어떤 욕구를 갖는 일이 비합리적이지 않을 것이라는would not be unreasonable 우리의 믿음이 우리가 실제로 그 욕구를 갖는다는actually have 점을 의미하지 않으며, 우리 또는 다른 어떤 사람이 그 욕구를 가져야 한다는ought to have 믿음을 의미하지도 않는다.

우리가 내재적인 가치를 갖고 있다고 인정하는 어떤 것은 (이를테면 심오한 명상에 헌신하는 인생, 혹은 기사도 정신의 용감한 위업에 헌신하는 인생은) 그럼에도 우리의 마음을 끄는 데 실패할 수 있다. 더욱이 도대체 누군가가 그것을 증진시키거나 획득하는 일에 관심을 갖고 있는지 하는 물음은 우리에게 완전히 무관심한 문제일 수 있다. 우리는 그 자체 때문에 소유할 만한 가치를 갖거나 수행할 만한 가치를 갖는 많은 것을 쉽게 생각할 수 있다. 그러나 아무도 그것들에 특별히 끌리지 않는다는 사정,

그것들이 결코 실제로 추구되지 않는다는 사정을 우리는 완전히 인정할 만하다고 생각한다.

어쨌든, 비록 어떤 사람이 내재적 가치 때문에 어떤 것을 획득하거나 수행하려고 진심으로 노력할지라도, 그것에 마음 쓰고 있다는 사정을 타당하게 추론할 수 없다. 어떤 대상이 내재적 가치를 갖는다는 사실은 그 대상이 소유하는 가치 **유형**type과 (말하자면, 다른 사물과 맺는 그 대상의 관계에 의존한 것이 아니라 그 대상 자체에 내재하는 속성에만 의존하는 가치와) 연관된다. 그러나 그 사실은 그 대상이 그러한 유형의 가치를 **얼마나**how much 갖는지 하는 문제와는 무관하다. 오직 그 자체 때문에 소유할 가치가 있거나 수행할 가치가 있는 것은 그럼에도 그 가치가 아주 작을 수 있다. 그러므로 어떤 사람이 그가 자신에게 중요하다고 전혀 간주하지 않는 많은 것을 완전히 내재적 혹은 비非수단적 가치 때문에 궁극 목적으로 욕구하는 일은 상당히 합리적일 것이다.

예컨대 우리가 단순히 내재적 가치 때문에 추구하지만 진정으로 전혀 마음 쓰지 않는 정말 사소한 많은 쾌락이 존재한다. 내가 아이스크림콘을 원할 때 나는 그냥 먹는 즐거움 때문에 그것을 원한다. 그 쾌락은 다른 어떤 것의 수단이 아니다. 그 쾌락은 오직 그 자체 때문에 내가 욕구하는 목적이다. 하지만 이는 내가 그 아이스크림콘을 먹는 일에 마음 쓴다는 사정을 전혀 의미하지 않는 것 같다. 이 경우 나는 보통 상당히 분명히 내 욕구는 보잘것없다는 점, 그 대상은 나에게 전혀 중요하지 않다는 점을 인식하고 있다. 비록 어떤 사람이 그것 자체 때문에 어떤 것을 원하며 그 대상을 향한 그의 욕구를 충족하는 일을 그의 궁극 목적에 속한다고 간주할지라도 그가 그것에 관하여 마음 쓴다는 사정이 타당하게 추정될 수는 없다.

인생을 계획하고 영위하는 일에서 사람들은 많은 중요한 문제와 직면할 필요가 있다. 그들이 무엇을 원하는지, 다른 것보다 어떤 것을 더 원하는지, 무엇이 내재적으로 가치 있는 것이며 단순히 수단으로가 아니라 궁극 목적으로 추구하기에 적절하다고 간주하는지 그리고 무엇을 자신의 궁극 목적으로 실제로 추구하려고 하는지 하는 문제에 관하여 사람들은 마음을 결정해야만 한다. 더욱이 그들은 별개의 추가 과제와 직면한다. 사람들은 그들이 마음 쓰는 대상이 바로 무엇인지를 규정해야 한다.

6

그런데 '어떤 것에 관하여 마음 쓰는 일'은 무엇을 의미하는가? 이 문제에 간접적으로 접근하는 것이 편리할 것이다. 그러면 우리가 수행하려고 의도했던 어떤 계획을 수행하는 일에 우리가 **진짜로 마음 쓰지 않는다**do not really care about고 말하는 것이 무엇을 의미할 것인지를 숙고하면서 시작해보자.

몹시 도움이 필요하지만 자신에게 도움을 주는 것이 우리의 계획을 포기할 것을 요구함을 알고 있기 때문에 도움 요청을 망설이는 친구에게 우리는 위와 같이 원래 계획에는 진짜로 마음 쓰지 않는다고 말할 수 있다. 그 친구는 당황한다. 그는 우리의 선량한 본성을 활용하는 일을 싫어한다. 하지만 사실 우리는 그에게 도움을 주고 싶다. 그리고 그가 쉽게 요청하게 하고 싶다. 그래서 우리는 그에게 우리가 하려고 계획했던 것은 우리가 진짜로 마음 쓰는 것이 전혀 아니라고 말한다.

우리가 어떤 계획을 추진하는 일을 포기할 때, 두 가지 중 하나의 태도를 취할 수 있다. 한 가지는 그 계획을 세우도록 한 관심 및 욕구를 전혀 포기하지 않고 그 계획을 포기하는 것이다. 따라서 우리가 친구에게 호의를 베풀기로 결정한 이후에도 이전

의도를 실행하는 일은 우리가 여전히 하고 싶어 하는 일이다. 그 의도의 실행은 지금은 그것이 이전에 가졌던 것보다 더 낮은 우선권을 갖고 있지만, 우리가 수행하려고 계획했던 것을 하고자 하는 욕구는 아직도 계속 남아있다. 따라서 그 계획의 포기를 결정하는 일은 어떤 실망 또는 어느 정도의 좌절을 내포한다. 달리 말하면, 그것은 우리에게 어떤 비용a certain cost을 부과한다.

다른 한 가지는, 그 계획을 포기하면서 계획에 관한 우리의 원래 관심을 완전히 포기하는 것이다. 우리는 계획을 실행하려는 욕구 모두를 상실한다. 그러면 그 욕구를 충족하는 일은 우리의 우선순위 안에서 이미 어떤 위치도 차지하지 않는다. 우리는 그 욕구를 더 이상 갖지 않는다. 이 경우 호의를 베푸는 일은 우리에게 어떤 손해도 끼치지 않으며, 따라서 어떤 좌절이나 실망도 주지 않는다. 그 일은 그러한 유형의 어떤 비용도 내포하지 않는다. 따라서 친구가 자신에게 호의를 베풀도록 요청하는 일에, 즉 우리의 원래 계획을 포기할 것을 요청하는 일에 불편을 느낄 아무런 이유가 없다. 친구에게 우리가 실행하려고 계획했던 것이 무엇이든 간에 우리는 그것에 진짜로 마음 쓰지 않는다고 말할 때, 친구에게 전하려고 의도한 것은 바로 이것이다.

여기에는 약간의 주의가 필요하다. 비록 어떤 사람이 해당 욕구의 충족을 포기하거나 연기하기로 결정할지라도, 그의 해당 욕구가 계속 남아있을 것이라는 점을 입증하는 일만으로는 그가 그 욕구 대상에 관하여 마음 쓰고 있다는 점을 우리가 보여줄 수는 없다. 특별히 그 욕구가 존속할 것을 원하지 않아도 욕구는 결국 오직 자체의 강도에 근거하여 계속 남아있을 수 있다. 심지어 그 욕구를 없애려고 성실한 노력을 한다 하여도 결국 그 욕구는 존속할 수 있다. 그는 원하지 않는 욕구와 결합되어 있는 불운을 겪을 수 있다. 그 경우 비록 그 욕구가 그의 내부에서 불붙어 활성화되어 있어도 그것은 그 자신의 의지에 반대하여against his own will 그렇다. 달리 말하면, 그가 마음 쓰기 때문이 아니라 오로지 그 욕구가 끈질기게 떠오르기 때문에 그 욕구가 계속 존재한다.

다른 한편으로 어떤 사람이 어떤 것에 마음 쓸 때, 그는 기꺼이[의지로써]willingly 그의 욕구에 묶여 있다. 이 욕구는 그의 의지에 반대하여 혹은 그의 지지 없이 그를 움직이지 않는다. 그는 그의 욕구의 희생물이 아니다. 그가 수동적으로 그 욕구에 무관한 것도 아니다. 반대로 그 자신이 해당 욕구가 그를 움직일 것을 원한다. 그러므로 그는 그 욕구가 확실히 계속 존재할 수 있도록 하기 위해 필요하다면 간섭할 준비가 되어 있다. 만일 그 욕구가 사라지려고 하거나 불안정해지려고 하면, 그는 욕구를 재생하려는 경향을 가지며 태도와 행동에 대한 욕구의 영향력을 그가 바라는 정도로 강화하려는 경향을 갖는다.

자신의 욕구 대상에 마음 쓰는 사람은 자신의 욕구가 충족되기를 원하는 일 이외에 어떤 다른 것을 동시에 원한다. 그는 자신의 욕구가 존속하기를 원하며, 자신의 욕구가 존속하기를 바라는 이 욕구this desire for his desire to be sustained는 그저 단명短命한 경향성이 아니다. 그것은 일시적이지도 않고 우발적이지도 않다. 그 사람이 자신과 동일시하는 욕구이자 자신이 진짜로 원하는 것을 표현하고 있다고 승인하는 욕구이다.

7

이상으로써 사물에 마음 쓰는 일에 대한 설명이 아마 완결되지는 않을 것이다. 마음 쓰는 일은 상당히 한정된 이러한 분석이 명시하지 않은 많은 음영과 뉘앙스를 갖는다. 그러나 앞의 설명이 적어도 올바른 설명의 일부라면, 우리가 실제로 다양한 사물에 정말 마음 쓴다는 사실은 인간 인생의 특성에 기본적인 중요성을 갖는다.

우리가 아무것에 관해서도 마음 쓰지 않는다고 가정해보자. 이 경우 우리는 우리의 욕구 혹은 우리 의지의 결심에서 어떤 주제적인 통일성이나 정합성을 유지하기 위해 아무 할 일이 없을 것이다. 우리는 어떤 특수한 관심 또는 목표를 유지하려는 적극적인 경향성을 갖지 않을 것이다. 그럼에도 확실히 어느 정도의 안정적인 지속성은 어쩌면 우리의 의지적인 생활 안에서 발생할 수도 있을 것이다. 하지만 우리 자신의 의도와 노력에 관한 한, 그러한 일은 정말로 우연하거나 비의도적일 것이다. 통일성과 정합성은 우리의 의도적 계획이나 인도의 결과는 아닐 것이다. 우리 의지의 다양한 성향과 형태는 왔다가 사라질 것이다. 그리고 때때로 잠시 머물 것이다. 하지만 그것들의 순서와 존속을 계획하는 일에서 우리 스스로 어떤 결정적인 역할도 수행하지 않을 것이다.

우리가 특별히 마음 쓰는 것이 무엇인가 하는 점은 말할 필요도 없이, 우리 인생의 특성과 성질에 상당한 연관이 있다. 다른 사물이 아니라, 어떤 (특정) 사물이 우리에게 중요하다는 사정은 매우 큰 차이를 낳는다. 그러나 우리가 마음 쓰는 사물이 **존재한다**are는 바로 그 사실은 (우리가 정말로 어떤 것에 마음 쓴다는 바로 그 사실은) 근본적으로 훨씬 더 중요하다. 그 이유는 이러한 사실이 어떤 사람의 인생의 개인적인 특수성에 관계하는 것이 아니라 그 기반 구조basic structure에 관계한다는 사실 때문이다. 마음 씀은 우리 자신에게 우리를 연결하고 묶어주는 활동으로서 불가결하게 기본적이다. 우리가 우리 자신에게 의지적인 지속성을 제공하며 그런 방식으로 우리 자신의 행위를 구성하고 이 행위에 참여하는 것은 바로 마음 씀 때문이다. 우리가 마음 쓰는 다양한 사물이 얼마나 적절하고 부적절한지를 떠나서, 어떤 것에 마음 쓰는 일은 우리 인간 종種의 생물에게 본질적이다.

마음 쓰는 능력은 심리적 복합성의 유형 하나를 요구한다. 이 유형은 인간 종의 구성원에게 고유할 것이다. 본성상 마음 씀은 우리 자신의 태도, 욕구, 사유에 **관한**about 우리의 분명한 사유 능력, 욕구 능력, 태도 능력을 표출하며 이 능력에 의존한다. 달리 말하면, 마음 씀은 인간의 마음이 **반성적**reflexive이라는 사실에 의존한다. 다양한 하등 종의 동물도 욕구와 태도를 갖는다. 아마 어떤 동물은 사유도 할 것이다. 그러나 그러한 종의 동물은 적어도 자기 - 비판적self-critical이지는 않은 것 같다. 자신의 동기motives에 관한 어떤 반성적 고려 또는 비판의 매개도 없이, 그냥 주어지는 그대로 충동이나 경향성에 의해 동물은 행동하게 될 것이다. 그 동물이 자기 자신을 향한 태도를 형성할 능력이 결여되어 있는

한, 자기-승인[수용]self-acceptance의 가능성 또는 자신의 현존 상태에 대한 내적인 반항inner resistance을 이루어낼 가능성, 이 둘 중 어느 하나도 없다. 그 동물은 자신을 움직이는 힘과 동일시하지도 못하고, 그 힘으로부터 거리를 두지도 못한다. 구조적으로 그 동물은 자신의 삶에 이렇게 개입할 수 없다. 좋든 나쁘든, 그 동물은 자기 자신을 진지하게 생각하는 능력이 없다.

다른 한편으로, 인간의 특징인 자기-의식self-awareness은 내적인 구분을 쉽게 한다. 이 내적인 구분으로 우리는 자신에게서 분리되고 자신을 대상화한다. 이는 우리가 마침 강제당하는 동기적인 힘을 평가할 수 있게 하고, 또한 어떤 힘을 승인하고 어떤 힘에 저항할지를 결정할 수 있게 한다. 우리 안에서 다양한 동기적인 힘이 갈등할 때, 보통 우리는 이 갈등이 어떻게 해결되어야 할지에 관하여 수동적이거나 중립적이지 않다. 우리는 정말 우리 자신을 진지하게 생각한다We do take ourselves seriously. 따라서 보통 우리는 갈등의 어느 한 편이나 다른 편에 참여하여 능동적으로 결과에 영향을 주려고 한다. 따라서 우리 자신의 욕구들 사이에서 일어나는 투쟁의 실제 결과는 우리에게 승리 혹은 패배, 둘 중 하나일 것이다.

8

우리 같은 존재자들은 행위 유발 욕구만 갖는 것으로 한정되지 않는다. 그 욕구에 더하여 사람들은 자신의 욕구에 관하여—즉, 그들이 무엇을 원하려고 원하는지에 관하여, 동시에 그들이 무엇을 원하려고 원하지 않는지에 관하여—욕구를 형성하는 반성적 능력을 갖는다. 이 상위-순서 욕구higher-order desires는 직접적으로 행위에 관계하지 않고 동기에not to actions but to motives 관계한다. 사람들은 보통 그들의 동기에 관심을 갖는다. 그들은 자신의 행위가 다른 방식이 아니라 어떤 (특정한) 방식으로 동기 부여되기를 원한다. 그들이 자신의 어떤 동기적인 성향이 반박 가능하다고 발견하는 한 그들은 그 성향을 약화시키려고 하고 그 성향에 저항하려고 한다. 그들은 자신 안에서 발견하는 욕구와 경향 가운데 오직 몇몇만 수용하고 그것들과 동일시한다. 그들은 이것들이 행위의 동기이기를 원하며, 바람직하지 않다고 생각하는 동기가 행위 발생에서 유효하기를 원하지 않는다.

사람들은 동기화의 관점에서 유효하지 않기를 바라는 욕구에 의해 행동하는 일을 피하려고 매우 성실히 노력할 수 있다. 그럼에도 때때로 실패할 수 있다. 예컨대 비록 어떤 사람이 질투나

복수 욕구를 동기로 승인하지 않고 그러한 동기에 의해 행동하지 않는 상황을 매우 선호한다 하여도, 그가 질투 또는 복수 욕구의 행동을 할 수 있다. 불행하게도 그 동기의 힘이 너무 커서 그가 저항할 수 없음이 드러난다. 마침내 그는 그 힘에 굴복한다. 그가 저항함에도 그 환영받지 않은 동기가 그를 행동하게끔 하는 일에 효과적이다. 그가 할 수 있는 만큼 그것에 저항했다고 가정하면 그 자신의 의지에 반대하여 그 욕구가 그를 움직였다고 (그 결과로 그가 행동했다고) 말하는 것은 합리적일 것이다.

물론 때때로 어떤 사람이 행동할 때 그를 움직이는 욕구는 그가 기꺼이 동기로서 완전히 승인하는 욕구이다. 예컨대 그는 관대한 사람이고자 하는 욕구에 의해 효과적으로 움직일 것이며 이 동기는 그에게 환영받을 것이다. 그것은 그가 그 상황에서 행위를 지배하는 동기가 되기를 원하는 바로 그 욕구일 것이다. 그 경우 그가 관대한 행위를 수행할 때 그는 하고자 원하는 것을 정확히 수행하고 있으며, 그러한 의미에서 자유롭게 행동하고 acting freely 있다. 그뿐만 아니라 그가 행동하면서 원하고 있는 것, 즉 관대함 to be generous 이 정확히 그가 원하기를 원하는 것이라는 병행 의미에서, 그가 자유롭게 욕구하고 desiring freely 있다는 점도 참이다.

이제 어떤 사람이 자신이 수행하고 싶어 하는 행위를 수행하고 있다고 가정하자. 나아가 그의 행위 수행 동기가 자신이 진실로 원하는 동기라고 가정하자. 이 사람은 그가 수행하고 있는 것에 관해서나 혹은 그로 하여금 이러한 수행을 하게 하는 욕구에 관해서나 결코 불만스러워하거나 무관심하지 않다. 달리 말하면, 그 행위와 그 행위를 일으킨 동기인 욕구, 둘 중 어느 하나도 그의 의지에 반대하여 또는 그의 승인 없이 그에게 부과되어 있지 않다. 전자에 관해서나 후자에 관해서나 그는 결코 그저 수동적인 방관자이거나 희생자인 것이 아니다.

이러한 조건 아래서 그 사람은 우리가 합리적으로 욕구할 수 있는 만큼의 많은 자유를 누리고 있다고 나는 믿는다. 내 생각으로는 진정으로 그는 우리가 생각할 수 있는 만큼의 많은 자유를 누리고 있다. 이 자유는 스스로를 창조하지 않은 유한한 존재자가 가까이 가기를 지성적으로 희망할 수 있는 만큼의 의지의 자유freedom of the will에 가깝다.[5]

---

5 우리가 우리 자신을 창조하지 않기 때문에, 우리 자신이 그것의 원인이 아닌 어떤 것이 우리에게 반드시 존재한다. 내 의견으로는, 자유에 관한 우리의 관심에서 결정적인 문제는 우리의 의지적인 생활 안의 사건이 우리 외부의 조건에 의해 인과적으로 결정되느냐 하는 물음이 아니다. 자유의 문제에 관한 한, 진짜로 중요한 것은 인과적 비의존성(causal independence)이 아니라 자율성(autonomy)이다. 자율성은 본질적

사람들은 욕구들 가운데 어떤 것이 그들의 행위 동기가 되기를 원한다. 그리고 그들은 보통 그들이 동기로서는 비효과적으로 motivationally ineffective 남아있기를 선호하는 어떤 다른 욕구를 소유한다. 그들은 또한 다른 방식으로도 그들의 욕구에 관계한다. 그들은 어떤 욕구는 존속하기를 원한다. 그들은 다른 욕구의 존속에 대해서는 무관심하거나 심지어 적극적으로 반대한다. 이러한 (자신의 고유한 욕구에 전념하는 일 혹은 이러한 전념의 결여라는) 양자택일적인 가능성은 마음 씀과 마음 쓰지 않음 caring and not caring 사이의 차이를 규정한다. 어떤 사람이 욕구 대상에 마음을 쓰느냐 쓰지 않느냐 하는 물음은 그 선택 대안들 중 어떤 것이 지배하느냐에 의존한다.[6]

으로, 동기와 선택에서 우리가 수동적이라기보다는 능동적인가 하는 물음의―동기와 선택의 획득 방식과는 무관하게, 그것들이 우리가 진짜로 원하는 것이며 따라서 우리에게 전혀 낯설지 않은 동기와 선택인지 하는 물음의―문제이다.

6 인간의 내적인 삶은 타인뿐만 아니라 자기 자신에게도 불분명하다. 사람들은 쉽게 이해되지 않는다(elusive). 우리는 우리 자신의 태도와 욕구에 관하여 그리고 우리가 진정으로 무엇에 전념하는지에 관하여 상당히 빈약한 정보를 갖고 있다. 그래서 어떤 사람이 자기가 어떤 것에 관하여 마음 쓰고 있다는 점을 인식하지 못한 채, 그것에 관하여 엄청나게 마음 쓸 수 있다는 사정을 명심하는 편이 유용하다. 또한 비록 어떤 사람이 어떤 사물이 그에게 극도로 중요하다고 믿고 있을지라도, 진짜로는 그것에 관하여 조금도 마음 쓰지 않는 일도 가능하다.

사랑의 이유

9

우리가 그것들에 관하여 마음 쓴다는 바로 그 사실 때문에 우리에게 중요하게important 되는 혹은 그렇지 않았을 경우보다 우리에게 훨씬 더 중요하게 되는 많은 것이 존재한다. 만일 우리가 그러한 것들에 마음 쓰지 않는다면 그것들은 우리에게 훨씬 덜 중요하거나 전혀 중요하지 않을 것이다. 예를 들어 우리의 친구들을 생각해보자. 만일 우리가 그들에 대하여 지금만큼 마음 쓰지 않는다면 그들은 우리에게 상당히 덜 중요할 것이다. 어떤 농구 팀의 성공은 그 팀의 팬들에게는 상당히 중요하다. 만일 팬들이 그 팀에 마음 쓰지 않는다면 그 성공은 그들에게 전혀 중요하지 않을 것이다.

말할 필요도 없이 많은 것은 우리가 그 중요성을 인식하지 않고 그것들에 관하여 전혀 마음 쓰지 않는다는 사실과 무관하게 우리에게 중요하다. 예컨대 자신이 자연 방사선background radiation에 노출되어 있다는 생각을 하지 않는, 심지어 자연 방사선이라는 것이 존재한다는 것을 생각조차 않는 많은 사람이 있다. 그들은 당연히 자신이 노출되어 있는 자연 방사선의 수준에 마음 쓰지 않는다. 그럼에도 그들이 노출되어 있는 방사선의 수준이 그들에게 중요하지 않다는 점이 도출되지는 않는다. 그들이 알든 모르든 간에 노출 방사선 수준은 그들에게 중요**하다**is.

그런데 어떤 사람이 실제로 그것에 마음 쓰지 않으며 심지어 그것에 대해 알지 못함에도 그에게 중요한 어떤 것이 있을 수 있는 이유는 무엇인가? 이런 방식으로 그에게 중요한 것은 오로지 그것이 그가 **정말**does 마음 쓰는 어떤 것에 대하여 확실한 연관을 갖기 때문에 저 중요성을 가질 수 있다. 어떤 사람이 그의 건강에 관하여 혹은 방사선이 산출할 수 있는 어떤 영향에 관하여 진정으로 조금도 마음 쓰지 않는다고 가정하자. 실제로 환경 또는 타인 혹은 자신이 그러한 방식으로 영향을 받는지, 받지 않는지에 관하여 그가 완전히 무관심하다고 가정하자. 그 경우 자연 방사선의 수준은 그에게 중요하지 않다. 그것은 진실로 그에게 중요하지 않다. 그는 그것에 마음 쓸 아무 이유도 없다. 그에 관한 한 방사선 수준의 높낮이는 아무 차이도 만들지 않는다. 그 수준은 방사선의 크기에 관하여 그 자체 때문에 혹은 그 수준이 적절한 방식으로 연관될 수 있는 상황 때문에 마음 쓰는 사람들에게만 중요하다.

만일 글자 그대로 절대로 아무것에 관해서도 마음 쓰지 않는 어떤 사람이 있다면 그에게는 아무것도 중요하지 않을 것이다.[7]

그는 그 자신의 인생에도 무관심할 것이다. 자신의 욕구의 정합성과 지속성에 관해서 무관심할 것이고 자신의 의지적 동일성volitional identity을 무시할 것이며, 이러한 점에서 그 자신에게 무관심할 것이다. 그가 수행했거나 느꼈던 어떤 것, 우연히 발생한 어떤 것도 그에게 전혀 문제되지 않을 것이다. 그가 그러한 것에 관하여 마음 쓰며 그러한 것이 그에게 중요하다고 **믿을**believe 수는 있을 것이다. 하지만 전제에 의하면, 그는 잘못 생각하고 있다. 물론 그는 아직 많은 욕구를 가질 수 있을 것이며, 이 욕구들 가운데 어떤 것은 다른 것보다 더 강할 것이다. 그러나 그는 매순간 자신의 욕구와 선호가 무엇인가에 관하여 아무 관심도 없을 것이다. 비록 이러한 사람도 의지를 갖고 있다고 유의미하게 말할 수 있다 하여도, 결코 그의 의지가 진정 그 자신의 의지라고 말할 수는 없을 것 같다.

---

7 이것은 그럼에도 그에게 중요**해야 하는**(should be) 그리고 그가 그것에 마음 써**야 하는**(should) 어떤 사물들이 존재하는가 하는 문제를 열린 문제로 남겨 놓는다. 그 문제에 대해 내가 적당한 과정 뒤에 대답할 것이다.

10

다름 아니라 바로 사물들에 마음 씀으로써, 우리는 세상에 중요
성importance을 주입한다. 이러한 방식으로 우리에게 고정된 야망
과 관심stable ambitions and concerns이 제공되며 우리의 이익과 우리의
목표our interests and our goals가 표시된다. 우리의 마음 씀이 우리를
위하여 창조하는 그 중요성은 우리가 그것의 관점에서 우리 인생
을 영위하려고 노력하는 표준 및 목표의 뼈대를 규정한다. 어떤
것에 마음 쓰는 사람은 그것에 대한 지속적인 관심에 의해 인도
되어 그의 태도와 행위를 형성한다. 그가 특정한 사물들에 실제
로 마음 쓰는 한에서 이러한 마음 씀은 어떤 인생 영위 방식을
그가 중요한 것으로 생각하는지를 규정한다. 어떤 사람이 마음
쓰는 다양한 사물 전체가—그 사물들이 얼마나 중요한가에 대
하여 그가 정한 순서와 함께—어떻게 살아야 하는가 하는 물음
에 대한 그의 대답을 효과적으로 구체화specify해준다.

이제 그가 '올바르게right' 하고 있는지 하는 물음에 대해 알고
싶어 한다고 가정해보자. 즉, 그가 사실상 정말로 마음 쓰는 사물
들에 관하여 진짜로 마음 써야 하는지 하는 물음에 어떻게든 관
심을 갖게 된다고 가정해보자. 이것은 '이유reasons'에 대한 관심이

다. 그가 실제로 마음 쓰는 것에 근거하여 인생을 영위해야 하는지 하는 물음을 제기하면서 그런 방식으로 살고 있는 자신을 정당화하기justify에 충분히 좋은 이유가 존재하는지에 관하여, 그리고 그 방식 대신 어떤 다른 방식으로 살아야 할 더 좋은 이유가 존재하지 않을지에 관하여 그는 묻고 있다.

이 물음을 파악하려고 노력하는 일은 비록 어떤 사람의 키가 그대로임에도 다른 사람보다 더 작아질 수 있다는 역설적으로 보이는 사실과 직면하여 소크라테스가 느꼈던 현기증보다 더 큰 현기증을 우리에게 야기할 수 있다. 우리가 "사람들은 어떻게 살아**야 하는가**should?" 하고 한번 묻기 시작한다면 참으로 우리는 속절없이 소용돌이 안에 빠져 있음을 깨달을 수밖에 없다. 문제는 그 물음이 너무 어렵다는 점이 아니다. 오히려 그 물음을 던지는 일이 불가피하게 자기 – 지시적self-referential이고 우리를 무한 순환endless circle으로 인도하기 때문에 그 일은 방향을 상실하게 하는disorienting 경향을 갖는다. '무엇에 우리가 마음 써야 할 충분한 이유가 있는가?what we have good reason to care about' 하는 문제를 다루려는 (체계적인 기반에서 그 문제를 다루려는) 모든 시도는 아마 성공하지 못할 것이다. 그 문제에 관한 합리적인 연구를 수행하려는 노력은 불가피하게 실패하고 자기 스스로에게로 되돌아오고 말

것이다.

왜why 그런지를 아는 일은 어렵지 않다. 삶의 어떤 방식을 합리적으로 평가하기 위해서는 무슨 평가적인 기준을 채택해야 할지와 어떻게 그 기준을 채택해야 할지what evaluative criteria to employ and how to employ them를 먼저 알아야만 한다. 그는 삶의 다른 방식이 아니라 어떤 한 방식을 선택하는 일에서 무슨 고려가 중요한 찬성 이유인지를, 무슨 고려가 중요한 반대 이유인지를 그리고 양자의 상대적인 무게를 알 필요가 있다. 예컨대 어떤 삶의 방식이 다른 삶보다 더 많이 (혹은 더 적게) 개인적인 만족에, 쾌락에, 권력에, 영광에, 창조성에, 정신적인 깊이에, 종교의 명령과의 조화로운 관계에, 도덕의 요구와의 일치 등에 기여한다는 사실을 평가하는 방법how to evaluate the fact이 분명해야만 한다.

여기서 난점은 상당히 분명한 형태의 순환circularity이다. 어떤 사람이 삶의 방식의 연구를 생각하고 시작이라도 할 수 있기 위해서 그는 그 연구가 목표하는 판단에 이미 근거했어야만 한다. "어떻게 살아야 하는가?" 하는 물음을 식별하는 일identifying the question은—즉, 그것이 바로 무슨 물음인지 그리고 그 물음에 대답하는 일을 바로 어떻게 해야 하는지를 이해하는 일understanding은—삶의 다양한 방식을 평가하는 일에서 채택할 수 있는 기준을 구체

사랑의 이유

화할 것을 요구한다. 정말로 그 물음을 식별하는 일은 저 기준을 구체화하는 일과 동등하다. 그 물음이 묻는 내용은 정확히 삶의 어떤 방식이 가장 잘 그 기준을 충족시키는가 하는 것이다. 그러나 삶의 다양한 방식을 평가하는 데 채용되는 기준을 식별하는 일identifying the criteria은 또한 어떻게 살아야 하는가 하는 물음에 대답을 제공하는 일과 동등하다. 왜냐하면 이 물음에 대한 대답은 그저 인생을 평가하기 위해 채택할 수 있는 기준이라면 어떤 기준이라도 그 기준에 가장 잘 들어맞는 방식으로 살아야 한다는 내용이기 때문이다.

그 연구가 무슨 물음을 탐구해야 하는지를 해명하는 일은 그 것의 기반 위에서 그 탐구가 추구되어야 할 기준을 식별하는 일이다. 그러나 이 일은 하나의 인생을 다른 인생보다 더 좋게 만드는 것에 관한 판단을 긍정하는 일과 동등하다. 그런데 바로 이 판단을 그 연구는 목표로 한다. 그러면 그 물음은 **체계적으로 미완성**systematically inchoate이라고 말할 수 있다. 그 물음을 정확히 식별하는 일 혹은 그 물음에 관한 연구 방식을 정확히 확인하는 일은 그 물음에 대한 대답이 알려지기 이전에는 불가능하다.

이러한 어려움을 해명하는 또 다른 방식이 있다. 어떤 것은 오직 그것이 만드는 차이difference 때문에, 어떤 사람에게 중요하다. 만일 해당 사물과 함께 있을 때나 함께 있지 않을 때 모든 것이 정확히 똑같다면 어떤 사람이 해당 사물에 마음 쓰는 일은 아무 의미가 없다. 해당 사물은 진짜로 전혀 중요할 수 없다. 물론 해당 사물이 **어떤**some 차이를 그저 만들어내는 정도로는 충분하지 않다. 결국 모든 것은 각각 정말로 어떤 차이를 만든다. 그러나 모든 것 하나하나가 중요한 것은 아니다. 만일 어떤 것이 중요하다면, 분명히 그것이 만드는 차이는 전적으로 보잘것없는 것일 리 없다. 그 차이는, 너무 사소해서 완전히 무시하는 편이 합리적인 차이는 아닐 것이다. 달리 말하면, 그 차이는 어떤 중요성을 갖는 차이임이 틀림없다. 어떤 사람이 자신에게 중요한 것이 무엇인지 결정하는 방법을 알기 위해서는 어떤 것들을 그에게 중요한 차이를 만드는 것이라고 식별하는 방법을 그가 이미 알고 있어야만 한다. 중요성의 기준을 공식화하는formulating 일은 공식화해야 할 바로 그 기준의 소유를 미리 전제한다. 순환은 불가피하며 동시에 치명적이다.

11

"어떤 삶을 살 이유가 있는가?how one has reason to live"라는 물음에 대해 잘 정리된 연구는 있을 수 없다. 왜냐하면 "사람이 어떻게 살아야 하는가?how one should live"를 결정하는 데 적절한 이유를 어떻게 확인하고 어떻게 평가하는가 하는 선행하는 물음은 사람이 어떻게 살아야 하는가가 먼저 해결되기 이전에는 해결될 수 없기 때문이다. 달리 말하면, "사람이 무엇에 마음 써야 하는가?what one should care about" 하는 물음에 대답하는 일을 목표로 하는 합리적으로 수행되는 연구가 도대체 진행될 수 있기 이전에, 바로 그 물음이 이미 대답되어 있어야만 한다. 만일 어떤 사람이 **어떤**some 것이 그에게 중요하다고 한번 식별했다면, 그가 그것을 기초로 다른 것도 쉽게 식별할 수 있다. 그가 특정한 것에 마음 쓴다는 사실은, 연관된 다양한 것에 마찬가지로 마음 쓰는 일이 합리적일 것이라는 사정을 그가 인식하는 일을 가능하게 할 개연성이 매우 크다. 가능하지 **않은**not 것은, 적어도 **어떤 것**something에 관해서도 아직 마음 쓰지 않은 사람이 (도대체) 무언가anything에 마음 쓰는 이유를 발견하는 일이다. 아무도 혼자 힘으로 자기 자신을 끌어당길 수 없다.

이는 자신의 삶에 관하여 사람이 제기하는 가장 기본적이고 본질적인 물음이 "어떻게 살**아야 하는가**should?" 하는 **규범적인** normative 물음일 수 없음을 의미한다. 이 (규범적인) 물음은 "그가 **정말**does 무엇에 실제로 마음 쓰는가?" 하는 **사실적인**factual 물음에 대한 선행하는 대답에 근거해서만 알맞게 물어질 수 있다. 만일 그가 아무것에도 마음 쓰지 않는다면 그는 그가 어떻게 살아야 하는가 하는 물음에 관하여 체계적으로 연구를 시작할 수조차 없다. 왜냐하면 그가 아무것에도 마음 쓰지 않는다는 사정은, 다른 방식이 아닌 어떤 하나의 (특정) 방식으로 사는 일을 지지하는 이유로 그가 간주할 수 있는 것이 전혀 없다는 사정을 내포하기 때문이다. 이 경우에는 확실히, 그가 어떻게 살아야 하는가 하는 물음을 결정할 수 없다는 사실은 그에게 어떤 고통도 야기하지 않을 것이다. 결국 만일 그가 자기에게 중요하다고 생각하는 것이 실제로 아무것도 없다면, 그는 **저것**that[규범적인 물음]도 중요하다고 생각하지 않을 것이다.

하지만 사실상 거의 모든 사람은 어떤 것에 정말 마음 쓴다. 예컨대 거의 모든 사람은 각자 살아있는 일staying alive, 심각한 부상, 병, 기아, 다양한 양태의 심리적 고통 및 장애를 피하는 일 avoiding severe injury, disease, hunger, and various modes of psychic distress and disorder에

마음 쓴다. 사람들은 자식들their children, 살림살이their livelihoods, 다른 사람들이 그들을 어떻게 생각하는지how others think of them에 마음 쓴다. 말할 필요도 없이 그들은 보통 다른 많은 사물에 대해서도 마찬가지로 마음 쓴다. 거의 모든 사람에게 하나의 생활 방식을 다른 방식보다 선호하는 이유로 간주되는 여러 가지 고려사항이 있다.

게다가 이러한 선호의 이유로 간주되는 여러 가지 고려사항은 거의 모든 사람에게 동일하다. 이것은 우연의 일치가 아니며, 다소 특수한 역사적 또는 문화적 조건의 산물도 아니다. 인간의 본성 및 인간 생활의 기본 조건은 매우 큰 다양화나 변화를 겪지 않는 생물학적, 심리학적, 환경적 사실biological, psychological, and environmental facts에 근거하기 때문에 사람들은 동일한 많은 사물에 마음 쓴다.[8]

그럼에도 사람들이 무엇에 실제로 마음 쓰는지와 무엇이 중요하다고 생각하는지를 경험적으로 설명하는 일은—비록 그 사물들 모두가 모든 사람에게 완전히 동일하고 또 동등한 순서를 갖는다고 가정할지라도—어떤 유형의 삶을 살아야 하는가what

---

8　물론 사람들은 정말 상당히 다르게 그 사물들의 순서를 정한다. 비록 대부분의 사람에게 많은 사물이 중요하지만 모두가 마음 쓰는 사물의 선호와 우선순위(preferences and priorities)는 결코 동일하지 않다.

sort of life one should live 하는 문제에 대한 우리의 원초적인 관심의 전체 핵심을 놓치는 일일 것이다. 도대체 어떻게 그와 같은 순수하게 사실적인 설명이, 우리의 인생 영위 방법how to conduct our lives 물음에 관한 초기의 불안하게 하는 불확실성을 결정적으로 완화시킬 수 있겠는가? 아니면 조금이라도 경감시킬 수 있겠는가? 상황을 (사실적으로) 그냥 아는 일은 그 상황을 전혀 정당화할 수 없다. 사람들이 보통 대안을 평가할 때 어떤 기준을 채용한다는 사실이 (혹은 그들이 항상 그렇게 한다는 사실이) 그 기준이 가장 합리적으로 채용 가능한 기준이라는 점을 확증하기에 충분하다고 생각할 이유라도 되는가? 현 상황status quo을 알게 되는 일은 그 자체로서는 현 상황을 수용하는 충분히 좋은 이유를 전혀 제공하지 않는 것 같다.

하지만 우리가 인생을 영위하는 방식에 대해 완전히 합리적인 근거를 제공하려는 야망은 잘못된 생각임을 이해할 필요가 있다. 최대 이유를 갖는 삶의 방식을 (근거로부터) 증명하려는 범합리주의적 환상pan-rationalist fantasy은 일관성이 없으므로 버려야만 한다. 초점을 맞추지 못하는 것은 마음 씀에 관한 사실적인 물음이 아니라, 바로 규범적인 물음이다. 만일 삶의 방식을 정하는 일에서 나타나는 어려움과 망설임을 우리가 해결해야 한다면, 우리에게 가장 기본적으로 필요한 것은 이유나 증거가 아니다not reasons or proofs. 그것은 명료함과 신뢰clarity and confidence다. 삶의 방식에 관한 곤란하고 불안정한 불확실성과 직면하는 일은 어떤 삶의 방식이 결정적인 논의로써 정당화될 수 있는지를 찾아낼 것을 우리에게 요구하지 않는다. 오히려 그저 우리 스스로 진짜로 마음 쓰는 것이 무엇인지를 이해하고 그다음 결연하고 확고하게 신뢰하면서 그것에 마음 쓰는 일을 요구할 뿐이다.9

12

우리의 신념 또는 태도나 행동 방식에 관한 신뢰confidence가 보증되는 정도는 자주 매우 적절하게, 그 신뢰를 지지하는 이유reasons의 힘에 의존한다. 하지만 어떤 문제에서는 이유에 확실하게 근

---

9   신뢰함(Being confident)은 열광적임(being fanatical) 혹은 닫힌 마음을 가짐(having a closed mind)과 혼동되어서는 안 된다. 가장 결연하고 확고하게 믿음을 갖는 사람조차 그의 태도 혹은 신념을 그로 하여금 변경하게 할 부가적인 증거 혹은 경험이 나타날 수 있다는 사정을 인식할 수 있다. 그의 신뢰는 그가 이러한 변경이 일어날 것 같지 않다고 생각한다는 점을 내포할 수 있다. 그러나 그것이 그가 변경을 방해하려고 결심하고 있음을 의미하지는 않는다.

거하는 정도로만 신뢰가 적절하다고 주장하는 일은 어리석게도 그릇된 일일 것이다. 예를 들어 정상적인 사람들은 자신의 생존 혹은 자식의 행복에 관하여 마음 써야 할지 하는 물음에 대해서는 보통 전혀 불확실하지 않다. 우리는 우리가 그렇게 하는 일을 적절하다고 볼 수 있는지 하는 물음에 대해 어떠한 불안도 느끼지 않으며, 어떠한 방해나 유보 없이 그러한 것들에 마음을 쓴다.[10] 그것들에 관한 우리의 태도의 전형적인 특징은 불굴의 신뢰이다. 그런데 합리적으로 강제하는 논의rationally compelling arguments 가 이러한 불굴의 신뢰를 정당화할 수 있다는 확신conviction에 해당 신뢰가 실제로 근거하고 있다고 우리는 생각하지 않는다. 나아가 근거해야 한다고 보지도 않는다.

아마 그러한 논의가 있을 것이지만 그 점이 핵심은 아니다. 사람들이 보통 자신의 생명의 지속이나 자식의 행복에 대하여 마음 쏟는 일에 망설이지 않는다는 사실은 '이유'에 대한 실제적인 고려로부터 유래하지 않는다. 또한 좋은 이유가 발견될 수 있으

---

10 얼마나 마음 써야 하는지 또는 어떤 한 사물에 관해서 아니면 다른 사물에 관해서 더 많이 마음 써야 하는지, 이 문제들에 관하여 우리가 불확실할 수 있음은 확실하다. 그럼에도 우리의 생명과 우리 자식이 우리에게 중요하다는 사정을, 비록 우리가 그것들이 우리에게 정확히 얼마나 중요하기를 원하는지는 알 수 없을지라도, 우리는 매우 확신하고 있다.

리라는 가정에 의존하지도 않는다. 그러한 마음 쏟음commitments, 專念은 타고난 것이며 숙고에 근거하지도 않는다. 그것은 합리성의 명령commands of rationality에 대한 반응이 아니다.

사실상 그 마음 쏟음이 정말 반응하는 명령은 어떤 원천에 근거하고 있다. 그런데 그 원천은 판단 및 이유에 의해서가 아니라 사물들에 관한 마음 씀의 특수한 양태에 의해서 구성된다. 그 명령은 사랑의 명령commands of love이다. 우리 자식과 우리 생명에 마음 쓰는 일에 대한 신뢰의 기반은 생물학적으로 본성에 박혀 있는 필연성에 따라 우리가 자식을 사랑하고 자신이 살기를 사랑한다는 사실이다. 그것들이 우리를 실망시키거나 우리에게 고통을 가져올지라도, 우리는 보통 그것들을 계속 사랑한다. 심지어 그 사랑이 비합리적이라는 점에 관하여 설득된 이후에도 우리는 보통 그것들을 사랑하기를 계속한다.[11]

사람들이 모두 동일한 사물을 사랑하는 것은 아니다. 내가 내

---

11 물론 사랑의 명령에 순종하려는 우리의 준비가 우리 자식 혹은 우리 생명에 덜 마음을 써야 할 이유를 제공하는 것으로 우리가 간주하는 경험이나 생각에 의해 무너질 수 있다. 어떤 사람은 자기 자식에게 결국 등을 돌리며, 어떤 사람은 정말 자기 생명을 끝내는 선택을 한다. 그러나 그들이 생명을 사랑하기를 멈추거나 자식을 사랑하기를 멈출 충분한 이유가 있다고 생각한다는 사실이, 그 사랑이 지속되었던 동안에 그 사랑을 설명하고 보증했던 것이 바로 '이유'였다는 점을 의미하지는 않는다.

생명과 내 자식을 사랑한다는 사실은 내가 너의 생명과 너의 자식을 사랑함을 의미하지 않는다. 더욱이 우리 스스로는 두려워하거나 경멸하는 것을 진정으로 성실히 사랑하는 어떤 (다른) 사람이 있을 수 있다. 이는 문제를 야기한다. 하지만 만일 증거와 논거evidence and arguments를 정리하는 일을 제외한다면, 우리가 이러한 문제를 현명하고 효과적으로 다룰 수 없을 것이라고 추정해서는 안 된다. 사실상 누가 옳은지right를 실제로 우리가 결정할 필요는 없다.

우리에게 문제는 우리 자식과 우리 생명을 보호하는 일이다. 물론 이 일을 성취하는 하나의 방법은 우리의 적들에게 그들이 틀렸다는 점을 설득하는 것이다. 그러나 보편적으로 수용 가능한 합리적, 중립적 방법으로써 그들이 틀렸음을 확신시킬 수 있는 능력에 우리가 의거할 수 없음은 확실하다. 이 점은 우리가 사랑하는 것을 이 사랑 대상을 위협하는 사람들에 반대하여 지켜내는 것이 분명히 비합리적이다는 것을 함의하지 않으며, 사랑 대상에게 매력을 느끼지 못하는 사람들의 저항이나 무관심에 직면해서도 사랑 대상의 이익을 증진시키는 일에서 우리가 정당화될 수 없다는 사정을 함의하지 않는다.

만일 부모가 자신의 자식이 타인의 혐오나 경멸을 받고 있다는 것을 알고 난 이후에도 계속하여 자식을 굳게 믿고 헌신적으로 보호하고 사랑한다 하더라도, 우리는 그 부모가 비합리적이거나 정당화될 수 없는 방식으로 행동한다고 생각하지 않는다. 또한 부모가 자식에 대한 적대감이 근거가 없다는 점을 입증하기는커녕, 전혀 그럴싸하게 주장하지 못하더라도 부모는 자식 사랑 때문에 보통 비난받지 않는다. 만일 어떤 사람이 그가 죽기를 원하는 사람들이 그에 대해 불평하는 일을 논박할 수 없을 때조차, 자신의 생명을 방어하는 일을 고집한다면, 우리는 그 사람이 비합리적으로 완고하다고 생각하지 않거나, 그의 행동이 비난받을 정도로 자의적이라고 생각하지 않는다.

우리는 우리의 도덕적 이상을 엄밀하게 증명하면서 정당화할 수 없다. 또 우리는 우리가 사랑하는 다른 것들의 분명한 중요성을 엄밀하게 증명하면서 정당화할 수 없다. 그러나 도대체 왜 우리가 이러한 무능력에 당황해야 하는가? 우리는 우리의 신뢰를 지지하는 결정적인 이유를 제시할 수 없다. 그러나 도대체 왜 이런 이유활용불가능성이 우리가 마음 쓰는 것으로써 규정된 인생 비전vision에 대한 우리의 신뢰를 방해하겠는가? 도대체 왜 그러한 이유활용불가능성이 우리 자신의 비전을 위협하는 다른 비전을 갖는 사람들에게 우리가 반대하려고 각오하는 일을 금지하겠는가? 다른 것 대신에 바로 이것을 사랑하는 일이 올바르다는 점을 보여주는 좋은 논거가 없을 때에도, 우리가 성실하게 사랑하는 이것을 위하여 싸우면서 도대체 왜 행복해하지 않겠는가?

*

13

지금까지 나는 내가 '사랑'으로 언급하는 것을 마음 씀의 특별한 양태의 하나로만 특징지었다. 다음 장에서 나는 내 생각을 더 충분히 설명하려고 시도하겠다. 물론 널리 알려져 있듯이 사랑의 범주는 명료하게 설명하기 어렵다.[12] 하지만 내 과제는 충분히 수행 가능할 것이다. 왜냐하면 나는 '사랑'이라는 용어가 보통 지시하는 다양하고 복잡한 범위의 조건을 포괄적, 분석적으로 설명하는 일 같은 것을 제공하려고 하지 않을 것이기 때문이다. 그 용어에 관한 나 자신의 사용법은 다양한 범위의 부분에만 일치할

---

12 사랑의 범주를 어느 정도 엄밀하게 식별하려는 시도의 가망성은 닐스 보어(Niels Bohr)에 의해 제안된 것으로 내가 이해하는 상당히 불안하게 하는 충고를 생각나게 한다. 그는 "사람은 생각할 수 있는 것보다 더 명확하게 말해서는 안 된다."는 경고를 했다고 한다.

뿐으로 범위 전체와 일치하게 하려고 계획되어 있지 않다. 따라서 나는 내 논의에 특별히 밀접한 연관이 있는 매우 한정된 사랑 현상만을 정의할 필요가 있다. 친숙하게 '사랑'으로 불리는 다양한 다른 조건 안에서 눈에 띄는 어떤 특징들 (그리고) 그러한 조건을 심지어 정의할 수 있는 어떤 특징들은 내가 다루는 사랑 현상에 비본질적이다. 따라서 그것들은 내 설명에 포함되지 않을 것이다.

Two

사랑과
그 이유에 대하여

사랑과
그 이유에 대하여

1

최근 철학자들 사이에서는 다음의 문제가 상당한 관심을 끌었다. 우리가 모든 상황에서 불편부당不偏不黨하게impartially 적용하는 보편적인 도덕 원리universal moral principles에 의해 예외 없이 우리의 행위가 인도되어야 하는지 혹은 이러저러한 형태의 편애favoritism가 때때로 합리적일 수 있는지. 사실 엄밀한 공평함이 항상 우리에게 꼭 필요하거나 중요하다고 느끼는 것은 아니다. 우리 자식, 우리나라 또는 우리의 가장 소중한 개인적 포부가 문제일 때는 곧바로 상황이 변한다. 특정한 사람을, 똑같은 가치를 가질 수 있지만 우리와의 인간관계가 먼 타인보다 편애하는 일을 적절한 일이며 심지어 의무사항이라고 우리는 보통 생각한다. 비슷하게 우리는 자주, 더 큰 고유한 장점이 있다는 것을 쉽게 인정할 수 있는 사업에 투자하는 것보다 마침 특별히 헌신하게 된 사업에 자원을 투자하는 것을 선호할 권리가 있다고 스스로 생각한다. 철학자들이 몰두한 문제는 이러한 유형의 선호preferences가 과연 정당한지를 결정하는 일이 아니라 오히려 어떤 조건 아래서 그리고 어떤 방식으로 선호가 정당화될 수 있는가를 설명하는 일이다.

이러한 맥락에서 널리 논의되었던 예는 어떤 남자에 관한 이야기다. 그는 두 사람이 물에 빠져 죽게 되는 상황에서 오직 한 사람만 구할 수 있다. 그는 둘 중 누구를 구할지를 결정해야 한다. 한 사람은 모르는 사람이고 다른 사람은 그의 아내다. 동전을 던져 결정하는 일은 당연히 생각할 수 없다. 이와 같은 상황에서 우리는 불편부당성 또는 공정성impartiality or fairness에 대한 생각을 전적으로 배제하는 것이 훨씬 더 적절하다고 믿는 경향이 있다. 당연히 그는 아내를 구해야 한다. 그런데 위험에 처한 두 사람을 불평등하게 취급하는 일을 정당화하는 근거는 무엇인가? 낯선 자를 익사하게끔 하는 그의 결정을 정당화하는 수용 가능한 원리는 무엇인가?

가장 주목받는 현대 철학자들 가운데 하나인 베르나르드 윌리엄스Bernard Williams는 다음과 같이 주장한다. 만일 그가 처한 상

사랑의 이유

황과 같은 상황에서는 자신의 아내를 구하는 일이 허용된다는 추론을 가능하게 하는 원리를 찾는 것도 그의 의무라고 생각한다면, 이미 잘못을 범하고 있다. 그 대신 "자세히 말하자면 (익사 당사자가) 바로 자기 아내라는 생각만이 그를 움직이게 하는 생각이기를 우리는 기대할 수 있다."라고 윌리엄스는 말을 잇는다. 만일 그가 이 생각에 덧붙여 이와 같은 유형의 상황에서는 자신의 아내를 구하는 일이 **허용된다**permissible고 생각한다면 그 사람은 "생각 하나를 너무 많이 하고 있다one thought too many"고 윌리엄스는 경고한다. 달리 말하면, 자기 아내가 익사하려고 할 때 그녀를 구하려는 결정을 정당화할 수 있는 이유가 그것으로부터 도출될 수 있는 어떤 일반적인 규칙some general rule에 그가 의거할 필요가 있다고 생각하는 일 전체에는 어떤 의심스러운 점이 있다.**13**

---

13 Bernard Williams, "Persons, Character and Morality," in his *Moral Luck* (Cambridge University Press, 1981), 18.

2

윌리엄스의 사유 방식은 매우 내 마음에 든다.[14] 하지만 그가 제시하는 예는 상당히 초점을 벗어나 있다. 만일 그 예가 익사자들 가운데 한 사람에 관하여 규정하는 것이 그녀가 그 남자의 아내라는 점에 머문다면 그 예는 윌리엄스가 의도한 방식으로 활용될 수 없다. 결국 상당히 충분한 이유로써 그 남자가 자기 아내를 몹시 싫어하고 두려워한다고 가정하자. 그녀도 역시 그를 몹시 싫어해서 최근에 여러 번 사악한 마음으로 그를 살해하려고 시도했다고 가정하자. 또는 그 결혼은 어쨌든 냉정한 마음으로 계산된 편의를 위한 결혼이었고 삼십 년 전의 의례적인 결혼식 2분은 동안을 제외하면 같은 방 안에 한 번도 함께 있지 않았다고 가정하자. 확실히 그 남자와 익사 중인 여자 사이의 단순한 법률적인 관계만을 규정하는 일은 초점을 벗어난다.

14　나는 상세한 내용 몇 가지는 정말로 문제가 있다고 생각한다. 첫째로, 그 남자가 (익사 당사자가) 자기 아내라는 생각조차 왜 해야 하는지에 대한 의문이다. 처음에는 자기 아내를 알아보지 못했다고 상상해야 하는가? 혹은 그들이 결혼했다는 사실을 기억하지 못해 스스로 그 점을 상기해야 한다고 상상해야 하는가? 이 남자가 해야 할 생각의 정확한 수는 아마 영(이)일 것이라고 본다. 정상적일 경우 확실히, 그는 물에서 무슨 일이 벌어지는지 보고 아내를 구하려고 물로 뛰어든다. 아무 생각 없이. 그 예가 묘사하고 있는 상황에서는, 어떤 생각이든지 간에, 생각 하나가 너무 많다.

그러면 그들의 민법적인 상태를 무시하기로 하고 그 대신 예로 든 그 남자가 익사 중인 두 사람 가운데 (다른 사람이 아니라) 한 사람만을 사랑한다고 규정하자. 이 경우 그가 그녀를 구할 이유를 찾는 일은 분명히 부적절할 것이다. 만일 그가 그녀를 진실로 **사랑한다**loves면, 그는 이미 필연적으로 그 이유를 갖고 있다. 그 이유는 그저 그녀가 곤경에 처해 있고 그의 도움이 필요하다는 것이다. 그가 그녀를 사랑한다는 사실은 그 자체로 그가 그녀의 고통을, 전혀 모르는 어떤 사람을 구하려는 일보다 그녀를 구하려는 일에 대한 보다 더 강력한 이유로 간주한다는 사정을 함의한다. 사랑하는 사람이 도움을 필요로 함은 그에게 이러한 이유를 제공한다. 그것은 그에게 어떤 추가적인 숙고에 대해 생각할 것을 요구하지 않으며 어떤 일반 규칙을 개입시키는 일도 요구하지 않는다.

　　여기서 요구되지 않는 일을 고려하는 일은 생각 하나를 너무 많이 하는 일일 것이다. 그 남자가 사랑하는 여인의 고통을, 낯선 사람이 아니라 그녀를 구할 이유로 인식하지 않는다면, 정말로 그는 그녀를 전혀 사랑하지 않는 것이다. 누구를 또는 무엇을 사랑하는 일은 무엇보다 본질적으로 사랑 대상의 이익을 그 이익에 봉사하기 위해 행동하는 일의 이유로 간주하는 것을 **의미한다**

means or consists in. 사랑은 그 자체로 사랑하는 자에게는 이유의 원천이다. 사랑은 사랑하는 관심의 행위, 헌신의 행위를 일어나게 하는 이유를 창조한다.[15]

3

사랑은 흔히, 정말 기본적으로, 사랑받는 대상의 지각된 가치에 대한 반응으로 이해된다. 이 설명에 따르면 우리가 어떤 것의 특별한 내재적[본래] 가치exceptional inherent value로 여기는 것을 감지 appreciation할 때 우리는 그것을 사랑하게 된다. 저 가치의 매력이 우리를 사로잡고 우리를 사랑하는 사람으로 바꾸는 것이다. 우리는 우리가 사물의 가치에 감동받기 때문에 그것을 사랑하기 시작한다. 그리고 우리는 그 가치 때문에 그것을 계속 사랑한다. 만일 사랑 대상이 가치 있음을 우리가 발견하지 않는다면 우리는 그것을 사랑하지 않을 것이다.

　이러한 설명은 사랑으로 보통 식별되는 어떤 경우에는 잘 들

15　정확히 이런 식으로 사랑은 세상을 살린다.

어맞을 것이다. 하지만 내가 여기서 사랑에 관하여 말할 때 생각하고 있는 현상 유형은 이 경우와는 본질적으로 다른 것이다. 나는 사랑은 필연적으로 그 대상의 내재적 가치의 지각awareness에 근거한 반응이어야만 하는 것은 아니라고 해석한다. 사랑은 때때로 그렇게 발생할 수 있으나 반드시 그럴 필요는 없다. 사랑은 매우 다양한 자연적 원인에 의해 (거의 이해할 수 없는 방식으로) 발생할 수 있다. 사랑 대상의 가치를 모르거나 그 가치에 전혀 감동받지 않은 채로 또는 그것이 특별한 가치를 진짜로 갖지 않음을 확실히 알고 있음에도 어떤 사람이 어떤 것을 사랑하게 되는 일이 전적으로 가능하다. 사랑 대상의 내재적인 본성이 실제로 극도로 나쁘다는 사정을 확실히 알고 있음에도, 어떤 사람이 어떤 것을 사랑하게 되는 일조차 가능하다. 그러한 유형의 사랑은 확실히 불행이다. 하지만 그런 일이 생긴다.

사랑받는 것이 사랑하는 사람에게 불변적으로 가치가 **있다**is 는 사정은 정말로 참이다. 하지만 그 가치를 지각하는 일이 사랑의 불가결한 **형성**formative 조건 혹은 **정초**grounding 조건인 것은 전혀 아니다. 사랑하는 사람이 대상을 사랑하게끔 만드는 것이 바로 사랑 대상 안에 있는 가치를 지각하는 일일 필요는 없다. 사랑 대상의 가치와 사랑 사이에 진정으로 본질적인 관계는 반대 방향으로 나아간다. 우리가 사물을 사랑하는 일이 그 사물의 가치를 인식하는 **결과**result로, 그리고 그 가치에 사로잡힌 **결과**result로 필연적으로 나타나는 것은 아니다. 오히려 우리가 사랑하는 것은 우리가 그것을 사랑하기 **때문에**because, 우리에 대한 가치를 필연적으로 **획득한다**acquires. 사랑하는 사람은 사랑받는 것을 가치 있는 것으로 정말 변함없이 반드시 지각한다. 그러나 그가 사랑 대상이 소유하고 있다고 보는 가치는 그의 사랑에서 유래하는 가치, 그의 사랑에 의존하는 가치이다.

부모의 자식에 대한 사랑을 생각해보자. 자식에 대한 나의 사랑에 의존하지 않고 자식 안에 내재하는 어떠한 가치를 내가 의식하기 때문에 사랑하는 것은 아니라는 사정을, 나는 오해 불가능한 확신으로써 말할 수 있다. 사실 자식이 태어나기 이전에도 (개인적인 특성이나 특별한 장점 및 탁월성[덕]과 관련된 특별한 정보를 갖기 이전에도) 나는 자식을 사랑했다. 나아가 자식이 정말 우연히 소유하게 된 가치 있는 성질이, 엄밀히 그 자체로 볼 때, 내가 사실상 훨씬 덜 사랑하는 다른 많은 사랑 가능 대상보다 더 큰 가치를 갖는다고 간주할 매우 강력한 근거를 실제로 제공한다고 믿지 않는다. 내 자식이 더 낫기better 때문에 다른 아이보다 자식을 더 많이 사랑하는 것은 아니라는 것은 분명하다.

때때로 우리는 사람들이나 다른 사물들에 관하여 우리의 사랑을 받을 '가치가 없다unworthy'고 말한다. 아마 이는 그것들을 사랑하는 일에 드는 비용이 사랑함으로써 얻는 이득보다 더 크다는 것을 의미할 것이다. 혹은 이는 아마 그러한 것들에 대한 사랑은 품위를 떨어뜨리는 일이라는 사정을 의미할 것이다. 어쨌든 내 자식이 나의 사랑을 받을 가치가 있는가 하고 내가 자문한다면, 나의 분명한 경향성은 이 물음을 잘못 던진 물음으로 거부한다. 그 이유는 내 자식이 가치 **있음**are이 아주 분명하기 때문은 아니다. 그 이유는 자식에 대한 나의 사랑이 어떤 가치 평가에 대한 반응a response to an evaluation이 (자식에 관한 가치 평가에 대한 반응 또는 내가 자식을 사랑하는 일의 결과에 관한 가치 평가에 대한 반응이) 전혀 아니기 때문이다. 만일 내 자식이 지독하게 사악한 사람으로 드러난다면 혹은 만일 자식을 사랑하는 일이 예의 바른 삶을 살기 원하는 나의 희망을 어떻게든 위협한다는 사정이 분명해진다면, 나는 아마 자식에 대한 내 사랑이 후회할 만하다는 점을 잘 알게 될 것이다. 그러나 이러한 점을 결국 인정하게 된 다음에도 내가 자식을 사랑하기를 어떻게든 계속할 것이라고 나는 추정한다.

내가 내 자식을 지금처럼 사랑하는 이유는 내가 자식의 가치를 알아챘기 때문이 아니다. 물론 나는 자식이 가치 있음을 정말 알고 있다. 내 입장에서 자식의 가치는 진정으로 측정 불가능하다. 그러나 이것이 내 사랑의 바탕은 아니다. 사정은 진짜로 정반대이다. 내가 자식에게 귀속시킨 그 특수한 가치는 자식 안에 내재하는 것이 아니라 자식에 대한 내 사랑에 의존한다. 자식이 나에게 그토록 귀한 이유는 그냥 내가 자식을 그토록 많이 사랑하기 때문이다. 사람들이 보통 정말로 자식을 사랑하는 경향을 갖는 이유에 대해서는 자연 선택의 진화론적인 압력 안에 그 설명이 있는 것 같다. 어쨌든 자식이, 다른 방식으로는 확실히 자식이 소유하지 않았을 것으로 내가 보는 것인 어떤 가치를 획득했다는 사정은 분명히 자식에 대한 내 사랑 **때문**on account of이다.

사랑과 사랑받는 것의 가치 사이의 이러한 관계는—즉, 사랑이 사랑받는 것의 가치에 반드시 근거하는 것이 아니라, 사랑받는 것을 사랑하는 자에게 반드시 가치 있는 것으로 만든다는 것은—부모 사랑에 대해서뿐만 아니라 매우 일반적으로 타당하다.**16** 우리에 대해 생명life 자체가 갖는 가치를 설명하는 것은 가

---

16 많은 경우 정말로 자기 가치 때문에 사랑받는 것처럼 보이는 어떤 사랑 대상들이 [예컨대 어떤 이상들(ideals)이] 존재한다. 하지만 어떤 이상에 대한 사랑이 그러한 방식으로만 발생하고 정초되어야 할 필연성은 없다. 사람은 결국, 오로지 그렇게 하도

장 심오한 차원에서 아마 바로 사랑love일 것이다. 보통 우리의 생명은 우리에게 가치를 갖고 우리는 그 가치를 강력하게 권위 있는 것으로 인정한다. 더욱이 생존living이 우리에 대하여 갖는 가치는 드넓게 빛을 발한다. 그 가치는 우리가 다른 많은 사물에게 귀속시키는 가치를 근본적으로 결정한다. 그것은 하나의 막강한 (정말로 하나의 포괄적으로 기초적인) 가치 창조기generator of value이다. 우리가 상당히 마음 쓰는 무수한 사물이 존재한다. 그것들은 우리에게 매우 중요한데, 그 이유는 다름 아니라 생존에 관한 우리의 관심에 연관되기 때문이다.

왜 우리는 매우 자연스럽게 그리고 의심의 여지가 없는 확실성으로써, 자기 – 보존self-preservation을 어떤 행위 과정을 수행하는 일의, 비교 불가능할 정도로 강력하고 정당한 이유로 간주하는가? 우리의 생명 안에 그리고 우리가 살면서 만들어내는 것 안에 내재하는 어떤 큰 가치가 (이 가치는 우리 자신의 태도와 경향성

록 양육된 결과로 정의나 자유 혹은 도덕적 올바름을 정말 맹목적으로 사랑하게 될 수 있다. 더욱이 사람이 어떤 다른 이상이나 가치보다 더 많이 하나의 (특정한) 이상이나 가치에 사심 없이 헌신하게 되는 사실을 설명하는 것은 보통 가치에 대한 고찰이 아니다. 사람들을 정의보다 진리에 더 많이 마음 쓰도록 이끌거나, 도덕성보다 아름다움에 더 많이 마음 쓰도록 이끌거나 혹은 다른 종교보다 어떤 한 종교에 더 많이 마음 쓰도록 이끄는 것은 보통 그들이 더 많이 사랑하는 것이 그들이 덜 사랑하는 것보다 더 큰 내재적인 가치를 가지고 있다는 내용의 어떤 선행하는 가치 평가가 아니다.

에 의존하지 않는다) 있다고 믿기 때문에 우리가 살아있는 일에 이러한 압도적인 중요성을 부여하는 것이 아님은 확실하다. 우리가 자신을 상당히 높게 평가하고 우리의 생명이 이런 방식으로 실제로 가치 있을 것으로 생각할 때조차, 이것이 보통 우리가 매우 단호히 생명에 매달리는 이유는 아니다. 우리는, 어떤 행위 과정이 우리의 생존에 기여할 것이라는 사실을 그 행위 과정을 수행해가는 이유로 간주한다. 왜냐하면 정확히, 아마 또다시 자연 선택[도태]natural selection 덕분에, 우리가 삶을 사랑하는to love living 구조를 본성적으로 가지고 있기 때문이다.

4

내가 여기서 사랑에 관해 말할 때 무엇을 생각하고 있는지 이제 설명을 시작하겠다.

사랑의 대상은 보통 (어떤 사람 혹은 어떤 나라 등) 어떤 구체적인 개별자다. 또한 그것은 (어떤 전통 또는 어떤 도덕적 이상이나 도덕과 무관한 이상 등) 보다 추상적인 어떤 것일 수 있다. 사랑받는 것이 개별자면 그것이 사회 정의나 학문적 진리 또는 어떤 가족이나 어떤 문화 집단이 일을 처리하는 방식과 같은 것일 때보다 더 빈번하게 사랑 안에 더 큰 정서적인 색채와 더 큰 긴급함이 있을 것이다. 그러나 항상 그렇지는 않다. 어쨌든, '차갑기보다는 뜨거움이 틀림없음'은 사랑을 정의하는 성질에 속하지 않는다.

사랑함의 뚜렷한 성질 하나는 사랑 대상에게 주어지는 가치의 특수한 위상과 관계한다. 우리가 어떤 것에 대해 마음 쓰는care about 한에서 우리는 그것을 우리 자신에게 중요하다important고 간주한다. 그런데 우리는 우리가 그것을 어떤 다른 것을 위한 수단으로as a means 간주하기 때문에 (오직 이 이유 때문에) 그 대상이 그 중요성을 갖는다고 생각할 수 있다. 하지만 우리가 어떤 것을 사랑할love 때는 한 걸음 더 나아간다. 우리는 사랑 대상에 대해 단순히 수단으로서가 아니라 목적으로서as an end 마음 쓴다. 우리가 그 대상을 그 자체로 가치 있다고 생각하고 그 대상을 그것 자체 때문에 우리에게 중요하다고 생각하는 일은 바로 사랑함의 본성에 속한다.

사랑은 그 핵심에서 사랑 대상의 현존을 위한 **사심私心 없는** disinterested 관심이며 사랑 대상에게 좋은 것을 위한 **사심 없는** 관심이다Love is, most centrally, a **disinterested** concern for the existence of what is loved, and for what is good for it. 사랑하는 자는 사랑 대상이 번창하기를 바라며 손상을 입지 않기를 바란다. 그리고 그는 이러한 일을 어떤 다른 목표에 도달하기 위해 바라는 것이 아니다. 어떤 사람은 사회 정의가 폭동의 개연성을 줄이기 때문에 (오로지 그 이유 때문에) 사회 정의에 마음 쓸 수 있다. 그리고 어떤 사람은 어떤 여인이 좋은 상태에 있지 않으면 그에게 쓸모 있을 리 없기 때문에 (오로지 그 이유 때문에) 다른 사람인 그녀의 건강에 마음 쓸 수 있다. 하지만 사랑하는 사람에게는 사랑 대상이 다른 일과 갖는 관계와는 별도로 사랑 대상의 상태가 그 자체로 중요하다.

사랑은 끌림의 강력한 감정strong feelings of attraction을 내포할 수 있다. 사랑하는 자는 사랑 대상에게 아첨하면서 사랑 대상을 묘사함으로써 이 감정을 강화하고 합리화한다. 나아가 사랑하는 자는 보통 사랑 대상과 함께 있기를 즐기고, 다양한 유형의 내밀한 접촉을 깊이 원하며, 상호성을 갈망한다. 그러나 이러한 열광은 본질적이지 않다. 어떤 사람이 사랑 대상을 좋아한다like는 사정도 본질적이 아니다. 그는 사랑 대상을 심지어 혐오스럽다고 distasteful 생각할 수 있다. 다른 유형의 마음 씀에서와 마찬가지로, 문제의 핵심은 감정적인 것도 인지적인 것도 아니다neither affective nor cognitive. 그것은 의지적인 것volitional이다. 어떤 것을 사랑하는 일은 믿음 내용(무엇을 믿느냐), 감정 내용(어떻게 느끼느냐)과 관계하기보다 오히려 사랑 대상에게 좋은 것에 관한 실천적인 관심 안에 있는 의지 형태와 더 많이 관계한다. 이러한 의지적 형태가 사랑 대상에 관한 사랑하는 자의 경향성과 행동을 형성한다. 이때 그 의지적 형태는 연관 목표들 및 우선순위를 설계하고 정리하는 일에서 그를 인도한다.

중요한 것은 (내가 정의하고 있는 사랑 개념에 의해 제한되는 방식의) 사랑을 다양한 형태의 얼빠짐[열중], (감각적, 육체적) 욕망, 집착, 소유욕, 의존성infatuation, lust, obsession, possessiveness, dependency과 혼동하는 일을 피하는 것이다. 특히 일차적으로 낭만적 혹은 섹스적 관계는 내가 이해하고 있는 사랑의 실로 진정한 혹은 조명적인 모범[패러다임]을 제공하지 않는다. 대체로 그러한 유형의 사랑은 정말로 혼란스럽게 하는 많은 요소를 내포하고 있다. 이 요소들은 사심 없는 관심의 유형인 사랑의 본질적인 본성에 속하지 않고 매우 혼란스러워서 지금 무슨 일이 벌어지고 있는가에 관해서 분명히 생각하는 것을 거의 불가능하게 한다. 인간관계에서 부모의 유아나 어린 자식[소아]에 대한 사랑이 사랑의 순수한 예를 제공하는 일에 매우 가까이 다가간다고 인정할 수 있는 마음 씀caring의 유형이다.

완전히 사심이 없을 수 있으나 비개인적impersonal이라는 점에서 사랑과는 다른, 타인에 대한 어떤 다양한 관심이 있다. 아픈 자들, 가난한 자들을 그들 자신을 위해서 돕는 일에 헌신하는 어떤 사람은 그가 돕고자 하는 사람들의 특수성particularity에 대해서는 매우 무관심할 것이다. 그가 그들을 사랑하기 때문에 그들이 그의 카리타스적charitable, 慈善的 관심의 수혜자 자격을 갖는 것은 아니다. 그의 관대함은 개인으로서의 그들의 정체성에 대한 반응이 아니다. 그것은 그들의 개인적인 특성에 의해 야기되지 않는다. 그것은 그가 그들을 연관 집단의 성원으로 간주한다는 사실에 의해서만 유도된다. 아픈 자들 혹은 가난한 자들을 돕기 위해 열심인 어떤 사람에게는 어떤 아픈 사람, 어떤 가난한 사람도 다 대상이 될 것이다.

다른 한편으로, 우리가 사랑하는 것이 문제일 경우에는 대상의 특수성에 대한 그러한 유형의 무관심은 불가능하다. 사랑받는 것이 사랑하는 사람에게서 갖는 의미는 그 사랑 대상이 하나의 예이거나 하나의 모범이라는 점이 아니다. 사랑받는 것의 중요성은 일반적generic인 것이 아니다. 그 중요성은 불가피하게 특수particular하다. 그저 아픈 사람이나 가난한 사람을 돕기 원하는 사람이 충분히 조건을 채우는 아프거나 가난한 사람들 중에서 수혜

자를 무작위로 선택하는 일은 충분한 의미가 있다. 곤궁한 사람들이 개별적으로 누구냐는 중요하지 않다. 실제로 그가 곤궁한 사람들 가운데 어느 누구도 그 (개인) 자체로서 돌보지 않기 때문에 그들은 서로서로 완전한 대체물이다. 하지만 사랑하는 자의 상황은 매우 다르다. 그의 사랑 대상에 대한, 동등한 대체물이 있을 수 없다. 자선심charity, 카리타스, 아가페에 의해 움직이는 어떤 사람에게는 그가 곤궁한 이 사람을 돕거나 혹은 저 사람을 돕거나 하는 것은 진짜로 완전히 마찬가지일 것이다. 그러나 사랑하는 자에게는 그가 실제로 정말 사랑하는 것에게 사심 없이 헌신하고 있느냐 아니면 (아무리 비슷할지라도) 그것 대신 다른 어떤 것에게 헌신하고 있느냐 하는 문제는 도저히 마찬가지일 수 없다.

마지막으로 사랑의 필연적인 특성은 사랑이 우리의 직접적이고 즉각적인 의지적 통제 아래 있지 않다는 점이다. 무엇에 마음 쓰고 얼마나 많이 마음 쓰는가는 (어떤 조건 아래서는) 당사자가 결정할 일이다. 바로 이쪽저쪽으로 결정함으로써 어떤 것에 마음 쓰거나 마음 쓰지 않는 일이 때때로 가능할 수 있다. 그 대상을 보호하고 지지하는 일의 필요성이 그에게 수용 가능한 행위 이유를 제공하느냐 아니냐 하는 문제와 그러한 이유가 얼마나 중요한가 하는 문제는 위와 같은 경우에서는 그의 결정 내용에 의존한다. 하지만 (다른) 어떤 것의 경우 그것에 마음 쓸 것인지 아닌지, 얼마나 쓸 것인지에 관해서 그 자신의 결정만으로는 그가 영향을 줄 수 없음을 발견할 수 있다. 그 문제는 그가 결정할 일이 전혀 아니다.

예를 들면 정상적인 조건 아래서 사람들은 살아있기, 신체적으로 손상 입지 않기, 극도로 고립되지 않기, 지속적인 좌절을 피하기staying alive, remaining physically intact, not being radically isolated, avoiding chronic frustration 등에 관하여 상당히 마음 쓰지 않을 수 없다. 여기서 그들은 진짜로 선택할 수 없다. 이유를 검토하는 일, 판단하고 결단하는 일은 아무것도 변화시키지 않을 것이다. 비록 사람들이 타인과 더 이상의 관계를 맺을지 말지에 대해 또는 자신의 의도를 실현하는 일에 대해 혹은 자신의 생명과 신체에 대해 마음 쓰기를 멈추는 것이 좋은 생각이라고 여긴다 할지라도 사람들은 그러한 마음 쓰기를 멈출 수 없다. 그들이 무엇을 생각하든지 결단하든지 간에 여전히 자신을 심각한 신체적, 심리적 박탈과 손상에서 보호하는 경향성을 갖고 있음을 그들은 발견할 것이다. 이와 같은 문제에서 우리는 어떤 필연성에 복종한다. 이 필연성은 강력하게 의지를 제어하며 그냥 우리가 피하기를 선택하거나 결단하여도 피할 수 없는 필연성이다.[17]

사랑의 이유

이와 같은 경우에 사람이 묶여 있는 필연성은 이성의 요구에 의해 발생한 인지적인 필연성cognitive necessity이 아니다. 그 필연성이 대안을 사용할 수 없게 만드는 방식은 논리적 필연성처럼 정합적인 사유의 가능성을 한정하는 방식이 아니다. 우리가 어떤 명제를 자기-모순적이라고 이해하는 경우 그 명제를 믿는 일은 불가능하다. 마찬가지로 어떤 명제를 부정하는 일이 모순적이라고 이해하는 경우 우리는 그 명제를 수용할 수밖에 없다. 반면 사람들이 마음 쓰지 않을 수 없는 것[대상]은 논리에 의해 명령되지 않는다. 그것이 일차적으로 믿음에 대한 제한인 것은 아니다.

---

17 만일 어떤 사람이 정상적인 조건 아래서 죽음이나 신체가 절단되는 일 혹은 모든 인간적인 접촉으로부터 단절되는 일에 전혀 마음 쓰지 않는다면, 우리는 그를 그냥 비정형적(atypical, 非定形的)이라고 간주하지 않는다. 우리는 그를 착란상태(deranged, 錯亂狀態)로 생각한다. 그러한 태도에는 엄밀하게 논리적인 흠결[비일관성]이 있는 것은 아니지만, 그럼에도 그것은 비합리적(irrational)인 것으로 — 즉, 인간성의 규정적(定義的) 조건을 위배하는 것으로 — 여겨진다. 정합성 혹은 다른 형식적인 고려와 거의 무관한 합리성의 의미 하나가 있다. 어떤 사람이 알면서 이유 없이 죽음을 야기하거나 심각한 고통을 야기한다고 가정해보자. 혹은 [흄의 예] 어떤 사람이 자기 손가락 하나의 작은 상처를 피하기 위해 많은 사람을 말살하려고 한다고 가정해보자. 이러한 일을 할 마음이 생길 수 있는 사람은 그 누구든 — 그가 논리적 오류를 범하지 않음에도 — '미친 사람(crazy)'으로 간주되는 것이 당연하다. 달리 말하면 그는 이성이 없다고 간주될 것이다. 우리는 합리성을 모순과 비정합성을 미리 배제하는 것으로 [우리가 생각할 수 있는 것을 한정하는 것으로] 이해하는 데 익숙하다. 또한 우리가 행하거나 수용할 마음이 생기게 할 수 있는 것을 한정하는 합리성의 의미 하나도 있다. 하나의 의미에서 이성에 대한 대안은 우리가 이해 불가능한(inconceivable) 것으로 인지하는 것이다. 다른 의미에서 그것은 우리가 사유 불가능한(unthinkable) 것으로 발견하는 것이다.

그것은 의지적 필연성volitional necessity이다. 이 필연성은 본질적으로 의지의 제한이다.

사람들이 유관한 자연적인 능력이나 기술을 소유하고 있지만 그들이 수행할 수 없는 어떤 것이 있다. 그 이유는 그들이 그것을 수행하고자 하는 의지를 불러일으킬 수 없기 때문이다. 사랑함은 그러한 유형의 필연성에 의해 제한된다. 우리가 사랑하는 대상, 우리가 사랑하는 일에 실패하는 대상은 우리에게 달려 있지 않다. 사랑에 특징적인 필연성은 의지의 운동을 격정이나 충동의 고압적인 격동으로써―이것에 의해 의지가 패배당하고 굴복 당하는 것으로 생각된다―제한하지 않는다. 반대로 제한은 우리 자신의 의지 자체 내부에서부터 작동한다. 우리를 제한하는 것은 어떤 외적이거나 낯선 힘이 아니라 바로 우리 자신의 의지다. 의지적 필연성으로 묶인 어떤 사람은 (그렇게 행하는 일에 관한 동기와 이유가 무엇이냐에 무관하게) 문제되는 행위를 수행할 (혹은 그 행위의 수행을 삼갈) 단호한 효율적인 의도를 형성할 수 없다. 만일 그가 그 행위를 수행할 시도를 한다면 그는 그냥 그 시도를 완수할 수 없음을 발견하게 된다.

사랑에는 등급이 있다Love comes in degrees. 우리는 다른 것보다 어떤 것을 더 사랑한다. 따라서 사랑이 의지에 부과하는 필연성은 거의 절대적인 것이 아니다. 우리는 어떤 것을 사랑하지만 더 많이 사랑하는 다른 것을 보호하기 위하여 그것을 훼손할 수 있다. 어떤 사람은 다른 조건 아래서는 수행할 마음이 생기지 않을 어떤 행위를 특정한 조건 아래서는 수행할 수 있다고 생각할 수 있다. 예컨대 어떤 사람이 자신의 생명을 희생함으로써 조국을 파멸의 해악으로부터 구할 수 있다고 믿을 때, 자신을 희생한다는 사실이 자신의 삶을 사랑하지 않는다는 점을 드러내는 것은 아니다. 또한 그의 희생은 얻을 것이 더 적다고 믿을 때에도 그가 죽음을 기꺼이 받아들일 수 있을 것이라는 점을 보여주지도 않는다. 비참하기 때문에 자살하는 사람조차 삶을 사랑한다는 것은 일반적으로 사실이다. 그가 진짜로 좋아하는 것은 결국 그의 생명을 포기하는 일이 아니라 그의 비참한 신세를 포기하는 일일 것이다.

5

철학자들은 어떤 궁극적인 목적들이 — 이 목적들을 무조건적으로 인정하는 일이 어떻게든 이성의 요구로 입증될 수 있다고 생각된다 — 존재하리라는 반복적인 희망을 품는다. 그러나 이것은 도깨비불[환영]이다.**18** 우리가 무엇을 사랑해야 할지를 명령하는 논리의 필연성 혹은 합리적 필연성은 존재하지 않는다. 우리가 사랑하는 것은 인간 생활의 보편적인 요구the universal exigencies of human life에 의해 형성되며, 이때 보다 특수한 방식으로 개인적인 성품 및 개인적인 경험의 성질로부터 유래하는 다른 욕구와 관심이 함께 작용한다. 어떤 것이 우리의 사랑 대상일 수 있는지 혹은 그렇지 않은지 하는 물음은 어떤 선험적인a priori 방법에 의거함으로써 혹은 그것의 내재적[본래] 속성을 철저히 조사함으로써 확정적으로 평가될 수 있는 것이 아니다. 그 점은 오로지 우리가 사랑하고 있는 다른 것들에 의해 우리에게 부과된 요구와 비교함으로써만 측정될 수 있다. 결국 이러한 다른 것들은 생물학적인

---

18 어떤 철학자들은 도덕 원리들의 궁극적인 보증은 이성에서 발견될 수 있다고 믿는다. 그들의 견해에 따르면 도덕 규칙들은 불가피하게 권위를 갖는데, 그 이유는 그 규칙들이 합리성 자체의 조건들을 세밀히 명시하기 때문이다. 이것은 올바를 리 없다. 도덕적인 위반에 부착되는 비난의 유형은 이성의 요구들을 위배하는 일에 부착되는 비난의 유형과 전혀 같지 않다. 비도덕적으로 행동하는 사람에 대한 우리의 반응은 비논리적인 생각을 하는 사람에 대한 우리의 반응과 전혀 같지 않다. 분명히, 도덕적이어야 한다는 명령을 지지하는 어떤 것이 존재하는데, 이것은 합리적임(being rational)의 중요성과는 다르다. 이 문제의 논의를 위해서는 다음을 참조하라 : my "Rationalism in Ethics," in *Autonomes Handeln: Beiträge zur Philosophie von Harry G. Frankfurt*, ed. M. Betzeler and B. Guckes(Akademie Verlag, 2000).

사랑의 이유

조건 및 다른 본성적인 조건에 의해서 우리에게 결정되는데, 우리는 이 조건에 관해서는 말할 것이 많지 않다.[19]

따라서 규범성의 원천은 개인적인 감정과 의욕의 일시적인 흥분도 아니고, 영원한 이성의 엄밀하게 익명적인 요구도 아니다. 그 원천은 사랑의 경험적 필연성contingent necessities of love이다. 감정과 욕구처럼 이 필연성은 우리를 움직인다. 그러나 사랑이 발생시키는 동기는 그저 단순히 외래적이거나 (칸트의 용어를 사용하자면) 타율적인 것이 아니다. 오히려 사랑의 필연성은 순수 이성의 보편적인 법칙처럼, 우리의 가장 내밀하고 가장 기본적인 본성에 속하는 어떤 것을 표현한다. 하지만 이성의 필연성과는 달리, 사랑의 필연성은 비개인적인 것이 아니다not impersonal. 사랑의 필연성은 개인의 고유한 정체성을 가장 특별하게 규정하는 의지의 구조에 의해 구성되고 그 구조 안에 뿌리박고 있다.

물론 사랑은 때때로 불안정하다. 모든 본성적인 조건과 마찬

---

19 사람들이 실제로는 마음 쓰지 않는 어떤 것들에 관하여 마음을 써**야 한다(should)**고 주장하는 일은 완전히 합리적일 수 있다. 그러나 오직 그 사람들이 사실상 **진정으로 (do)** 마음을 쓰는 것에 관해 무엇인가가 알려질 경우에만 그렇다. 예를 들어, 만일 우리가 사람들이 안전하고 만족스러운 삶을 영위하는 일에 마음을 써야 한다고 가정한다면, 안전성과 만족을 달성하는 데 불가결하다고 우리가 믿는 것들에 그들이 마음을 쓰는 일에 주의하도록 우리가 노력하는 일은 정당화될 것이다. 오직 이러한 방식으로만 도덕성을 위한 '합리적인' 기반은 발전될 수 있다.

가지로 사랑은 환경의 영향에 취약하다. 대안은 항상 생각 가능하고 어떤 대안은 매력적일 수 있다. 일반적으로 현재 사랑하는 것이 아닌 다른 것을 사랑하는 일을 상상하는 일 그리고 다른 상태가 더 좋지 않은가 하고 묻는 일이 가능하다. 하지만 탁월한 대안이 존재할 수 있을 가능성은 우리의 사랑함이 실제로 우리에게 정립한 궁극 목적들을 우리가 성실하게wholeheartedly 수용하고 추구할 때, 우리의 행위가 무책임할 정도로 자의적irresponsibly arbitrary이라는 점을 함의하지 않는다. 그 목적들은 천박한 충동이나 정당성 없는 규정에 의해 확정된 것이 아니다. 또한 그 목적들은 우리가 때때로 그저 우연히 매력적이라고 발견하거나 원한다고 우연히 결정하는 것에 의해 규정되는 것도 아니다. 우리의 사랑에서 우리를 제약하는 의지적 필연성은 이성의 보다 엄밀한 필연성처럼, 개인적 경향이나 선택에 전혀 굴복하지 않을 것이다. 우리가 사랑하는 것은 우리에게 의존하지 않는다. 우리의 실천적인 추론의 방향이 사실상 우리의 사랑이 우리를 위하여 규정해 준 특수한 궁극 목적들에 의해 결정된다는 사정을 우리는 피할 수 없다. 이 궁극 목적들은 전혀 우리의 직접적인 지배 아래 있지 않다. 그러므로 비난받을 만한 자의성reprehensible arbitrariness 및 객관성의 의도적이거나 부주의한 결여a wilful or negligent lack of objectivity라는 혐의를 우리가 받는 일은 공정하지 않다.

때때로 간접적으로 이러한 궁극 목적들을 지배하는 일이 우리의 힘 안에 있을 수 있음도 확실하다. 가끔 우리는 우리가 사랑하는 것을 사랑하기를 멈추게 하거나 다른 것을 사랑하게 하는 조건을 산출할 수 있다. 그러나 우리의 사랑이 매우 확고하며 우리가 그 사랑에 붙잡혀 있음에 매우 만족하여 그 결과 우리의 사랑을 바꿀 수 있는 조치가 사용 가능함에도 사랑을 바꾸는 일을 할 마음이 우리에게 생길 수 없다고 가정해보자. 이 경우, 그 대안은 진정한 선택권이 아니다. 우리가 다르게 사랑하는 일이 더 나은지 아닌지 하는 물음은 우리가 진지하게 다룰 수 없는 물음이다. 이 문제는 우리에게 실천적인 관점에서는 실제로 발생할 수 없다.

6

결국 우리가 실제로 사랑하는 것을 사랑하는 일에 기꺼이 만족하는 일은 논거나 증거의 신빙성reliability of arguments or evidence에 의존하지 않는다. 그것은 우리 자신에 대한 신뢰confidence in ourselves에 의존한다. 이는 우리의 인지적인 기능의 범위와 신빙성에 만족하는 문제가 아니며, 우리의 정보가 충분하다고 믿는 일의 범위와 신빙성에 만족하는 문제도 아니다. 그것은 보다 기본적이고 개인적인 양태의 신뢰다. 우리의 사랑을 애매함 없이 수용하게 하는 것, 이로써 우리의 궁극 목적들의 안정성을 확보하는 것은 자신의 의지적인 성품의 지배적 성향과 반응을 우리가 신뢰한다는 사정이다.

사랑을 구성하는 힘, 사랑함이 우리를 움직이는 힘은 바로 의지의 이러한 비의도적nonvoluntary 성향과 반응이다. 더욱이 우리의 개인적 정체성을 가장 풍부하게 표현하고 정의하는 힘은 바로 의지의 이러한 동일한same 형태다. 어떤 인간의 의지의 필연성은 그의 행위 능력을 인도하고 한정한다. 그것은 그가 무엇을 하고 싶어 할 수 있는지, 무엇을 하지 않을 수 없는지, 무엇을 차마 할 수 없는지를 결정한다. 또한 그것은 행위의 이유로 그가 받아들이고 싶어 하는 것, 행위의 이유로 고려하지 않을 수 없는 것 그리고 행위의 이유로 차마 간주할 수 없는 것을 결정한다. 이러한 방식으로 그 필연성은 그의 실천적인 생활의 경계를 규정하며 이로써 행동하는 존재인 그의 모습을 확정한다. 무엇을 사랑하도록 강요되는지를 인식하기 때문에 그가 느끼게 되는 불안이나 불편함 모두는 개인으로서 자신의 성품에 대한 그의 태도의 핵심을 구성한다. 이러한 유형의 장애는 자기 자신에 대한 신뢰의 결핍을 보여주는 증상이다.

자기‒신뢰self-confidence의 핵심인 심리적 완전성psychic integrity은 우리가 사랑하는 다양한 사물 사이의 풀리지 않는 불일치와 갈등의 압력에 의해 파열될 수 있다. 그러한 유형의 장애는 의지의 통일성을 손상시키고 우리를 자신과 갈등하게 한다. 우리의 사랑 대상의 영역 내부의 대립은 무조건적인 동시에 양립 불가능한 요구들에 우리가 종속되어 있음을 의미한다. 그것은 우리가 지속적인 의지적 과정을 계획하는 일을 불가능하게 한다. 만일 어떤 것에 대한 우리의 사랑이 다른 것에 대한 우리의 사랑과 불가피하게 충돌한다면, 우리 자신을 있는 그대로 수용할 수 없음을 우리는 당연히 알게 될 것이다.

하지만 우리의 다양한 사랑이 우리에게 부과하는 동기들 사이에 사실상 아무 갈등도 없는 경우가 가끔 생길 수 있다. 그러면 그 동기들 중 어느 것에 대립하는 원천이나 장소가 우리 안에 전혀 없을 것이다. 그 경우 우리의 사랑함이 만드는 동기들에 동의하는 일에 관해 우리가 느낄 수 있는 어떤 불확실성이나 거리낌의 기반이 전혀 없다. 우리가 많이 마음 쓰는 다른 어떤 것 또는 우리에게 상당히 중요한 다른 어떤 것도 주저나 의심의 근거를 제공하지 않는다. 따라서 그 경우 어떤 의도적으로 고안된 조작에 의거함으로써만 사랑의 요구에 저항하도록 우리는 우리 자신을 계획적으로 자극할 수 있을 것이다. 만일 이런 일[조작된 저항이 생긴다면 이 일은 자의적恣意的일would 것이다. 다른 한편으로, 그것에 관하여 어떤 사람이 잘 알고 있는 것이며 그의 의지의 다른 요구와 정합적인 것인 어떤 사랑의 충동을 그가 수용하는 일은 '부당한 방식으로 자의적improperly arbitrary'일 리 없다. 왜냐하면 그는 이 충동을 거부할 어떤 타당한 근거도 갖지 않기 때문이다.

7

우리가 사랑하는 대상은 우리에게 필연적으로 중요하다. 왜냐하면 바로 그것을 우리가 사랑하기 때문이다. 그런데 여기서 조금 다른 점이 강조되어야 한다. 사랑함 자체가 우리에게 중요하다Loving itself is important to us는 것이다. 우리가 사랑하는 다양한 사물에 대한 우리의 특별한 관심과는 완전히 별도로 우리는 사랑함 자체

사랑의 이유

에 보다 더 일반적이고 한층 더 기본적인 관심을 갖는다.

　이에 관한 분명하고 친숙한 예는 부모의 사랑이다. **내 자식들** my children은 그들 자신 때문에 나에게 중요하다는 사실 외에, **내 자식들을 사랑하는 일**loving my children은 **그 자체**its 때문에 나에게 중요하다는 부가적 사실이 있다. 시간이 흐르면서 그들을 사랑하는 일이 어떤 부담과 걱정거리를 나에게 가져왔을지라도 내가 그들을 사랑하게 되었을 때 내 인생은 현저하게 변화하고 고양되었다. 사람들이 자식을 갖는 이유 중 하나는 바로 자식을 갖는 일이 자신의 인생을 풍요롭게 할 것이라는 기대이다. 자식을 갖는 일은 다름 아닌 자기 자신에게 사랑할 것을 더 많이 제공함으로써 인생을 풍요롭게 할 것이라는 기대이다.

　왜 사랑함은 우리에게 그렇게 중요한가? 그 대상이 무엇이든지 간에 어떤 사람이 어떤 것을 사랑하는 인생이 사랑하는 것이 전혀 없는 인생보다 그에게 더 좋은 (물론 다른 조건이 다소간 동일하다는 전제 아래) 이유는 무엇인가? 설명의 한 부분은 궁극 목적들을 갖는 일이 우리에게 중요하다는 사정과 연관된다. 다른 것을 위해서가 아니라 그것 자체를 위하여 그것에 도달할 가치가 있다고 생각하는 목표가 우리에게 필요하다.

　우리가 어떤 것에 마음 쓰는 한 우리는 많은 사물을, 즉 우리가 마음 쓰는 사물들과 아울러 이 사물들의 수단으로서 불가결한 것 모두를 우리에게 중요한 것으로 만든다. 이렇게 하여 우리는 목적과 의도를 갖게 되며 완전히 무의미하지는 않은 행위 과정을 형성할 수 있다. 달리 말하면, 어떤 목표를 갖고 있다는 최소한의 의미에서 유의미한 활동을 생각하는 일이 이로써 우리에게 가능해진다. 하지만 이러한 매우 한정된 의미에서만의 유의미한 활동은 (우리를) 충분히 만족시킬 수 없다. 아니 그것은 우리에게 충분히 이해될 수조차 없다.

아리스토텔레스는 만일 "우리가 수행하는 것들의 어떤 목적이 (이 목적은 우리가 그것 자체 때문에 욕구하는 것이다) 없다면" 욕구는 "공허하고 쓸모없다."는 점을 언급한다.[20] 우리가 어떤 목적을 달성하는 일이 중요한 이유가 그것이 우리가 어떤 후속 목적을 달성하는 일을 쉽게 하기 때문이라고만 여기는 일은 충분하지 않다. 만일 우리의 어떤 목적도 우리가 다른 목적을 달성하는 일을 가능하게 한다는 사정 이외에는 다른 어떤 중요성을

---

20 *Nicomachian Ethics* 1094a18-21. 아리스토텔레스는 분명히, 우리가 수행하는 모든 것이 목표로 하는 단 하나의 궁극 목적(a single final end)이 있어야 한다고 믿었다. 나는 우리가 수행하는 것 각각은 어떤 궁극 목적(some final end)을 가져야 한다는 좀 더 온건한 견해를 지지하고자 한다.

사랑의 이유

갖지 않는다면, 우리가 지금 수행하고 있는 일을 우리는 이해할 수 없다. '우리가 그것 자체 때문에 욕구하는, 우리가 수행하는 것들의 어떤 목적이' 반드시 존재해야 한다. 그렇지 않으면 우리의 활동은 (얼마나 목적의식적인가에 무관하게) 어떤 진정한 중요성도 갖지 않을 것이다. 우리는 그 활동으로써 결코 진실로 만족할 수 없을 것이다. 왜냐하면 그 활동은 항상 미완성일 것이기 때문이다. 그 활동이 목표하는 것은 항상 예비 단계 또는 준비이므로 그 활동은 항상 우리를 완성에 이르지 못하게 할 것이다. 우리가 수행하는 행위는 진실로 우리에게 공허하고 쓸모없는 것으로 보일 것이며 우리는 우리가 수행하는 것에 관해 무관심하게 되는 경향을 가질 것이다.

8

어떤 직접적인 목표를 갖지만 궁극 목적을 갖지 않음으로써 지엽적으로는 목적이 있지만 기본적으로는 목적 없는 활동으로 이루어진 인생이 바람직하지 않은 이유는 무엇인가? 이 물음은 재미있는 물음이다. 이러한 뜻으로 의미 없는 인생에서 무엇이 필연적으로 그토록 나쁜 것일까? 내가 생각한 대답은 다음과 같다. 만일 궁극 목적들이 없다면, 우리는 목적으로서나 수단으로서 진실로 중요한 것을 아무것도 발견하지 못할 것이다. 모든 것의 우리에 대한 중요성은 다른 어떤 것의, 우리에 대한 중요성에 의존할 것이다. 우리는 진짜로 어떤 것에 분명하게 그리고 무조건적으로 마음 쓰지 못할 것이다.

이러한 점이 우리에게 분명해지는 한에서, 우리는 우리의 의지적인 경향과 성향을 철두철미 비결정적inconclusive이라고 인식할 것이다. 그러면 우리가 우리의 의도 및 결정의 과정을 관리하는 일에 양심적으로 책임지고 몰두하는 일이 불가능해질 것이다. 우리는 우리 의지의 형태 안에 있는 어떤 특별한 지속성을 기획하거나 유지하는 일에 어떤 확정된 관심도 갖지 않을 것이다. 우리 자신에 대한 반성적인 연결의—이러한 반성적인 연결은 인간인 우리의 본질 특성이다—중요한 측면 하나가 그런 식으로 절단될 것이다. 우리의 생명은 수동적, 파편적이고, 그럼으로써 철저하게 손상을 입을 것이다. 비록 우리가 능동적인 자기-의식의 미약한 나머지를 계속 유지한다 할지라도 아마 우리는 심각하게 지루해할 것이다.

지루함boredom, 倦怠은 심각한 문제다. 지루함은 우리가 그것이

즐겁다고 보지 않기 때문에 (바로 그 이유 때문에) 우리가 피하려고 하는 조건이 아니다. 사실 지루함의 회피는 근본적이고 강압적인 인간 욕구다. 지루해함을 우리가 혐오하는 일은 다소간 불쾌한 의식 상태를 경험하기를 싫어하는 일보다 상당히 더 큰 의미를 갖는다. 그 혐오는 훨씬 더 불길한 위협을 우리가 민감하게 알아채는 능력에서 발생한다.

지루함의 본질은 생기는 일[事件]에 아무 관심이 없음이다. 우리는 그 어떤 것에 관해서도 마음 쓰지 않는다. 아무것도 우리에게 중요하지 않다. 이러한 상황의 자연적인 귀결로 계속 집중하려는 우리의 동기가 약해진다. 동시에 우리는 심리적 생명력의 상응하는 약화를 겪게 된다. 그 가장 특징적이고 익숙한 발현에서 지루해함being bored은 주의력의 예리함 및 끈질김의 극단적인 감소를 내포한다. 우리의 정신적인 에너지 및 활동의 수준이 낮아진다. 일상적인 자극에 대한 우리의 민감성이 약화하고 줄어든다. 우리의 의식 영역 안에서 차별성은 주목되지 않고 구별은 이루어지지 않는다. 따라서 우리의 의식 영역은 점점 더 동질적으로 변한다. 지루함이 확장되고 점차 주도하게 됨으로써 지루함은 의식 내부의 유의미한 차별화의 점진적인 감소를 수반한다.

의식 영역이 완전히 무차별[무관심]적으로 변하는 그 한계점에서, 모든 심리적인 운동이나 변화가 멈춘다. 의식의 완전한 동질화homogenization는 의식적인 경험의 중단과 전적으로 동등하다. 달리 말하면, 지루할 때 우리는 잠드는 경향을 갖는다.

우리가 지루해하는 정도의 실질적인(상당한) 증가는 의식적인 정신 생활의 바로 그 지속을 위협한다. 그러므로 지루함의 회피를 선호하는 일이 나타내는 것은 다소간 무해한 불편함에 대한 가벼운 저항에 불과한 것이 아니다. 그것은 심리적 생존을 위한 상당히 원시적인 충동을 표현한다. 나는 이러한 충동을 보편적, 기본적인 자기 – 보존 본능의 변형으로 해석하는 일이 적절하다고 생각한다. 이것은 우리가 보통 '자기 – 보존self-preservation'으로 생각하는 것과 연관되어 있다. 하지만 글자 그대로의 어떤 낯선 의미에서만, 즉 유기체의 **생명**life을 유지하는 일이 아니라 **자기**the self의 지속 및 생명력을 유지하는 일의 의미에서만 그렇다.

9

실천적 합리성Practical reasoning은 적어도 부분적으로 우리의 목적을 달성하는 효율적인 수단의 기획에 관계한다. 만일 실천적 합리성이 적절히 정립된 틀과 기반을 가져야 한다면 그것은 우리가 또 다른 목적을 위한 수단 이상의 어떤 것으로 간주하는 목적에 근거해야만 한다. 우리가 그것 자체 때문에 평가하고 추구하는 어떤 것이 존재해야만 한다. 그런데 어떤 것이 어떻게 수단적인 가치를 소유하게 되는가 하는 점을 이해하는 일은 매우 쉽다. 그것은 어떤 목표의 달성에 기여하는 데 원인으로서 효율적인가 하는 문제이다. 그러나 후속 목표를 추구하는 데 갖는 유용성에 의존하지 않는 최종 가치a terminal value를 도대체 어떻게 사물들이 우리에 대하여 갖게 될 수 있을까? 어떤 이해 가능한 방식으로 궁극 목적들에 대한 우리의 필요가 충족될 수 있을까?

이러한 필요를 충족하는 것이 바로 사랑이라고 나는 믿는다. 어떤 우발적 충동이나 어떤 숙고적인 고의적 선택 이상의 방식으로 우리가 궁극 목적에 묶이게 되는 것은 바로 어떤 사물을 사랑하게 되는 일 (이 일이 어떻게 발생하든지 간에) 때문이다.[21] 사

---

21 실천적 이성(practical reason)은 수단의 기획에 관계할 뿐만 아니라, 우리의 궁극 목적들을 설정하는 일에도(setting our final ends) 관계한다. 실천적 이성은 우리가 사랑하는 것이 바로 무엇인가를 식별함(identifying)으로써 이 일을 완수한다. 이 일은 중요한 연구와 분석을 필요로 할 것이다. 사람들은 그들이 무엇을 사랑하는지를 그저 내성(introspection)으로써 확실히 발견할 수 없다. 그렇다고 그들이 무엇을 사랑하는지가 그들의 행위(behavior) 안에서 일반적으로 확실하게 파악될 수 있는 것도 아니다. 사랑은 의지의 복합 형태의 하나이며, 이 복합 형태를 분간하는 일은 사랑하는

랑은 최종 가치의 발생 원천이다Love is the originating source of terminal value. 만일 우리가 아무것도 사랑하지 않는다면 아무것도 우리와의 관계에서 어떤 결정적이고 내재적인 가치를 소유하지 않을 것이며, 어떤 방식으로든 우리가 궁극 목적으로 수용하지 않을 수 없다고 보는 것이 전혀 존재하지 않을 것이다. 본성상 사랑함은 우리가 그 대상들을 그 자체로 가치 있다고 간주하는 점을 함의하며 동시에 우리가 그 대상들을 우리의 궁극 목적들로 채택하지 않을 수 없다는 점도 아울러 함의한다. 사랑이 내재[본래]적인 inherent 혹은 최종적인 가치의 창조자이자 동시에 중요성의 창조자인 한에서 사랑은 실천적인 합리성의 최종 근거이다.

물론 이와 정반대로 어떤 사물들은 우리의 주관적인 상태나 조건에 전혀 의존하지 않는 내재적 가치를 갖는다고 주장하는 많은 철학자가 있다. 이 내재적 가치는 우리의 감정 및 태도에 결코 의존하지 않으며, 우리의 의지적인 성향 및 경향에도 의존하지 않는다고 주장한다. 하지만 이러한 철학자들의 입장은 '실천이성이 어떻게 정초될 수 있는가?'라는 문제와 연관된 쟁점에 대한 대답에는 진실로 활용될 수 없다. 그러한 쟁점에 대한 그 입장의

사람 및 타자들 양자에게 모두 어려울 것이다.

적절성은 그 입장이 기본적인 문제를 다루는 일에 실패함으로써 또는 심지어 그 문제를 직면하는 일에 실패함으로써 결정적으로 훼손된다.

어떤 목표가 내재적인 가치를 갖는다는 사실은 그 목표가 궁극 목적으로 추구될 자격이 있거나 추구될 가치가 있음을 함의한다고 추정할 수 있다. 하지만 이는 어떤 사람이 그것을 궁극 목적으로 추구해야 하는 **의무**obligation를 갖는다는 점을 함의하지는 않음이 분명하다. 이 점은 문제되는 그 목표가 다른 어떤 것보다 더 큰 내재적 가치를 갖는다는 보다 강한 가정에 의해서도 함의되지 않는다. 어떤 특별한 대상이나 사태가 내재적 가치를 갖는다는 점, 따라서 그것을 선택할 어떤 이유가 있다는 점, 이러한 점을 어떤 사람이 주장하는 일은 하나의 일이다. 그런데 그 사람이 그 대상이나 사태에 관하여 그것이 그에게 중요하거나 중요해야 한다는 점, 또는 그것을 그의 목표들 가운데 하나로 만들기에 충분할 정도로 그가 그것에 마음 써야 한다는 점을 주장하는 일은 전적으로 다른 또 하나의 일이다. 아무도 그것들에 특별히 관심을 가져야 한다고 요구되지 않는, 수없이 많은 내재적으로 가치 있는 목표가 있다.

사물들이 독립적인 내재적 가치를 갖고 있다는 주장은, 어떤 사람의 궁극 목적들이 어떤 방식으로 적절히 수립될 수 있을까 하는 물음에 대답하기는커녕 그 물음을 중요하게 다루지도 않는다. 설사 그 주장이 옳다 하여도, 즉 어떤 사물들이 주관적 고려에 전혀 의존하지 않는 가치를 지닌다 하여도 그 주장은 사람들이 어떻게 추구 목적들을 선택해야 하는가 하는 물음을 여전히 **전혀 설명하지 못할**no account at all 것이다. 이 물음은 직접적으로 내재적 가치에 관한 것이 아니라 중요성에 관한 것이다. 내가 아는 한, 이 물음을 만족스럽게 다루는 일은 사람들이 자신에게 중요하다고 생각하지 않을 수 없는 것이 (도대체 존재한다면) 바로 무엇인가를 지시함으로써만 가능하다. 달리 말하면, 실천이성의 가장 기본적인 문제는 사람들이 무엇을 사랑하는지what people love 가 설명되지 않고서는 풀어질 수 없다.22

---

22 우리가 어떤 사물에 마음 써야 하는 도덕적인 의무를 갖고 있다는 점과 이러한 의무는 어떤 주관적인 고려에도 의존하지 않는다는 점이 주장될 수 있다. 그러나 비록 우리가 참으로 이러한 의무를 갖고 있다 하더라도, 우리가 그 의무를 수행하는 일이 얼마나 중요한가를 결정하는 일이 여전히 필요할 것이다. 실천적인 합리성이 연관된 한에서, 중요성의 문제는 앞 장에서 제시된 것처럼 도덕성의 문제보다 한층 더 기본적이다.

조금 기이한 특징을 살펴보자면, 사랑하는 자에게 사랑함이 갖는 중요성과 사랑하는 자에게 사랑 대상의 이익의 중요성 사이의 관계는 궁극 목적과 그 목적에 이르는 수단 사이의 관계와 서로 비슷하다With respect to a rather curious feature, the relationship between the importance to the lover of loving and the importance to him of the interests of his beloved parallels the relationship between final ends and the means by which they may be reached. 어떤 것이 어떤 궁극 목적에 이르는 수단으로서 효과적이라는 사실은 그것이 어떤 **수단적**instrumental 가치를 소유한다는 점만을 함의한 다고 보통 생각한다. 그리고 이러한 유용성이 그것을 얼마나 가치 있게 만드는가 하는 점은 수단인 그것이 이루어내는 목적의 가치에 의존한다고 추정한다. 또한 궁극 목적의 가치는 그 목적의 달성을 가능하게 하는 수단의 가치에 결코 의존하지 않는다고 보통 생각한다. 그러므로 일반적으로 수단의 가치와 궁극 목적의 가치 사이의 유래 관계는 비대칭적asymmetric이라고 파악한다. 즉, 수단의 가치는 목적의 가치에서 유래하는데, 그 역逆은 아니다.

해당 관계를 해석하는 이러한 방식은 기초 상식의 문제로, 단도직입적으로 명백한 것처럼 보일 것이다. 그럼에도 이는 오해에 근거한다. 궁극 목적이 우리에 대하여 필연적으로 소유하는 유일한 가치는, 단순히 그것이 궁극 목적**이라**ist는 사실 때문에, 우리가 그 목적에 도달했을 때 야기할 사태가 우리에 대하여 소유하는 가치와 동일함이 틀림없다는 점이 여기서 가정되고 있다. 하지만 사실 이러한 점이 우리에 대한 궁극 목적들의 중요성을 남김없이 모두 드러내지는 않는다. 궁극 목적들은 다른 방식으로도 필연적인 가치가 있다.

우리의 목표들은 그 목표들이 우리에게 예견하게 하는 사태를 우리가 평가하기 때문에, 오직 그 이유 때문에, 우리에게 중요한 것이 아니다. 궁극 목적들을 **달성하는**attain 일만이 우리에게 중요한 것은 아니다. 궁극 목적들을 **소유하는**have 일도 우리에게 중요하다. 그 이유는 궁극 목적들이 없으면 우리가 해야 할 중요한 일이 전혀 없기 때문이다. 만일 우리가 그 자체 때문에 목적으로 삼는 목표들이 없다면, 우리가 참여할 수 있는 모든 활동은 우리에게 무의미할 것이다. 달리 말하면, 궁극 목적들을 소유하는 일은 진정으로 가치 있다고 간주하는 활동에 우리가 참여하는 일의 불가결한 조건이므로 가치가 있다.

이와 비슷하게, 유용한 활동이 우리에 대하여 갖는 가치가 오직 수단적인 것만은 결코 아니다. 그 이유는 우리가 목표 접근에

사랑의 이유

전념하는 활동에 참여하는 일이 **내재적으로**inherently 중요하기 때문이다. 우리가 목표로 하는 결과outcomes 때문뿐만 아니라 바로 그 자체 때문에도 우리는 생산적인 일productive work을 필요로 한다. 우리가 마침 추구하게 된 목표의 특수한 중요성과는 별개로, 우리가 할 가치가 있다고 간주하는 어떤 일이 있다는 사정은 우리에게 중요하다.

그러면 수단적으로 가치 있는 활동은 바로 유용하다는 그 이유 때문에 내재적인intrinsic 가치도 필연적으로 갖는다는 점이 밝혀진다. 마찬가지로 내재적으로 가치 있는 궁극 목적들은 필연적으로 수단적으로 가치 있다. 왜냐하면 궁극 목적들은 '해야 할 가치가 있는 어떤 일을 소유함'이라는 내재적으로 가치 있는 목표를 달성하기 위한 본질적인 조건이기 때문이다. 역설처럼 보이지만 궁극 목적들은 바로 최종적으로 가치 있기 때문에 수단적으로 가치 있고, 궁극 목적들을 달성하기 위한 효율적인 수단들은 또한 바로 그 수단적 가치 때문에 내재적으로 가치 있다고 말하는 일은 올바르다.

사랑함의 중요성과 사랑 대상의 중요성 사이의 상호 관계 안에도 위와 유사한 구조가 있다. 수단이 그 목적에 종속되는 것과 똑같이 사랑하는 사람의 활동은 사랑 대상의 이익에 종속된다.

게다가 사랑함이 그 자체로 우리에게 중요한 것은 바로 이러한 종속 때문이다. 사랑함의 내재적인 중요성은 사랑함이 본질적으로 '사랑 대상의 행복well-being에 헌신함'이라는 사실에 정확히 기인한다. 사랑하는 사람에게 사랑함의 가치는 사랑 대상을 향한 그의 헌신에서 유래한다. 사랑 대상의 중요성에 대해서 말하자면, 사랑하는 사람은 사랑 대상 자체를 위하여 사랑 대상에 마음 쓴다. 사랑 대상의 행복은 사랑하는 사람에게 내재적으로 중요하다. 하지만 이에 덧붙여 사랑 대상은 사랑하는 사람에게 수단적 가치를 필연적으로 소유한다. 이는 사랑 대상은 '사랑 대상을 사랑하는 일'이라는 내재적으로 중요한 활동을 사랑하는 사람이 즐기는 일his enjoying the inherently important activity of loving it의 필연적인 조건이라는 사실 때문이다.

11

이러한 점은 "어떻게 사랑 대상을 향한 사랑하는 사람의 태도가 완전히 사심 없을disinterested 수 있는가?"를 이해하는 것이 어려움을 보여준다. 결국 사랑 대상은 사랑하는 사람에게, 사랑함이라는 그에게 내재적으로 중요한 목적을 달성하는 본질적인 조건을 제공한다. 사랑 대상은 사랑함이 제공하는 이득을 사랑하는 사람이 획득할 수 있게 하며 사랑할 것이 전혀 없는 인생의 공허함을 사랑하는 사람이 피할 수 있게 한다. 그러므로 사랑하는 사람은 사랑 대상으로부터 불가피하게 이득을 취하는 것처럼 보이며 이로써 사랑 대상을 이용하는 것처럼 보인다. 그렇다면 사랑이 불가피하게 자기 - 봉사적self-serving임은 분명하지 않은가? 사랑이 결코 전적으로 이타적인selfless 것 혹은 사심 없는 것일 리 없다는 결론을 어떻게 피할 수 있을까?

그 결론은 너무 성급한 것일 것이다. 어느 여인에게 자신의 그녀에 대한 사랑은 그의 삶에 의미와 가치를 주는 것이라고 말하는 어떤 남자를 생각해보라. 그녀를 사랑하는 일은 그에게 삶을 가치 있게 만드는 유일한 것이라고 그는 말한다. (그녀가 이 말을 실제로 믿는다고 가정하면) 그 남자가 말하고 있는 것이, 그가 진짜로는 그녀를 전혀 사랑하지 않으며, 그녀에게 마음 쓰는 유일한 까닭은 그 일이 그를 기분 좋게 하기 때문이라는 사정을 의미한다고 그녀가 느낄 개연성은 거의 없다. 그녀에 대한 사랑이 자신의 인생의 깊은 필요를 충족한다는 그의 선언으로부터 그가 그녀를 이용하고 있다는 결론을 그녀가 도출하지 않을 것이 확실하다. 정말로 그녀는 그가 (이전의 결론과는) 정반대의 입장을 전하고 있다고 당연히 간주할 것이다. 그의 말은 그가 그녀를 그저 자신의 이득을 위한 수단으로서가 아니라, 그녀 자신을 위하여 높이 평가하고 있음을 의미한다는 점이 그녀에게 분명할 것이다.

물론 그가 사기꾼일 수 있다. 또한 그가 자신에 관하여 진리를 말하고 있다고 믿을지라도 진짜로는 자신이 무엇에 관하여 말하고 있는지 모를 수도 있다. 하지만 사랑에 대한 그의 공공연한 고백과 그 사랑이 그에게 중요하다는 고백이 진지할 뿐만 아니라 올바르다고 가정해보자. 이 경우 그러한 고백으로부터 그가 그녀를 자신의 이익을 얻기 위한 수단으로 이용하고 있다고 추론하는 일은 왜곡일 것이다. 그녀를 사랑하는 일이 그에게 중요하다는 사실은 그녀의 이익에 헌신함에서 그가 분명히 성실하며 이타적이라는 사정과 완전히 양립한다. 그녀를 사랑하는 일이 그에게 정말 중요하다는 사정은 그가 진짜로는 그녀를 전혀 사랑하지 않는다는 불합리한 결론을 거의 함의하지 않는다.

자신의 이익을 추구하는 일과 타인의 이익에 이타적으로 헌신하는 일 사이에 갈등이 있는 것처럼 보인다. 그러나 이러한 외견상의 갈등은 우리가 다음 사정을, 즉 사랑하는 사람의 자기 - 이익self-interest을 위하여 일하는serves 것은 다름 아닌 그의 이타심selflessness이라는 사정을, 올바르게 살펴보기만 하면 곧 사라진다. 사랑함이 그에게 산출하는 중요성을 그의 사랑이 소유할 수 있을 때는 말할 필요도 없이, 바로 오로지 그의 사랑이 진정한 경우다. 그러므로 사랑함이 그에게 중요한 한에서 사랑함을 구성하는 의지적 태도를 유지하는 일이 그에게 중요함이 틀림없다. 그런데 그러한 태도는 본질적으로 이타적으로 사랑 대상의 행복에 마음 쓰는 일이다. 이러한 마음 씀이 없으면 사랑함은 존재하지 않는다. 따라서 사랑함의 이득은, 사랑 대상에서 혹은 사랑 대상을 사랑함에서 도출 가능한 (다른) 어떤 이득을 위해서가 아니라, 사심없이 사랑하는 사람이 사랑 대상에 마음 쓰는 정도로만 사랑하는 사람에게 생긴다. 그가 자신의 사적인 필요와 욕망을 제쳐 두고 타인의 이익을 위해 헌신하지 않으면, 그는 사랑함에서 얻을 수 있는 자신의 이익을 실현하기를 희망할 수 없다.

이러한 일은 자기-희생에 대한 거의 불가능할 정도로 고매한 마음의 각오를 요구할 것이 아닌가 하는 어떤 의심이 생긴다. 그러나 그러한 모든 의심은 사랑의 본성에 따르면, 사랑하는 사람이 **자신을** 사랑 대상과 **동일시한다**identifies himself는 점을 인식하게 되면 경감될 수 있다. 이러한 동일시 때문에 사랑 대상의 이익을 보호하는 일이 사랑하는 사람 자신의 이익 안에 필연적으로 존재한다. 실제로 사랑 대상의 이익은 사랑하는 사람의 이익과 전혀 **다르지**other 않다. 그것도 역시 그의 이익이다. 사랑 대상의 행운에서 엄밀하게 분리되기는커녕, 사랑하는 사람은 개인적으로 그 행운에 의해 영향받는다. 그가 실제로 사랑 대상에 마음 쓴다는 사실은 사랑 대상의 이익이 확보될 때 그의 인생이 고양됨을 의미하며, 그러한 이익이 확보되지 않을 때 그가 손해 봄을 의미한다. 사랑하는 사람은 사랑 대상에게 **투자하고 있다**The lover is **invested** in his beloved. 그는 사랑 대상의 성공에서 이득을 취한다. 사랑 대상의 실패는 그에게 고통을 야기한다. 그가 사랑 대상에게 투자하는 정도로, 이렇게 그가 자신을 사랑 대상과 동일시하는 정도로, 사랑 대상의 이익은 그 자신의 이익과 동일하다. 그러므로 사랑하는 사람에게 이타심selflessness과 자기‒이익self-interest이 일치한다는 점은 전혀 놀랍지 않다.

12

물론 사랑하는 사람이 자신을 그의 사랑 대상들 중 어떤 하나와 동일시하는 일은 확실히 부정확하며 또한 완전히 포괄적인 comprehensive 상태에는 미치지 못한다. 그의 이익과 사랑 대상의 이익이 결코 완전히 동일할 수 없다. 그 두 가지 이익이 완전히 양립하는 일조차 불가능할 것 같다. 어떤 사랑 대상이 사랑하는 사람에게 아무리 중요하다 해도 그것이 그에게 중요한 유일한 대상은 아닐 것이다. 진정으로 그것이 그가 사랑하는 유일한 대상일 것 같지는 않다. 그러므로 보통 어떤 사랑 대상의 행복에 사랑하는 사람이 헌신하는 일과 자신의 다른 이익에 대한 고려 사이에는 파괴적인 갈등이 일어날 수 있는 강한 개연성이 있다.

사랑함은 위험하다Loving is risky. 사랑하는 사람은 만일 그가 다른 사랑의 요구를 충족하기 위해 어떤 사랑이 그에게 요구하는 것을 무시해야 하거나 만일 사랑 대상의 상태가 좋지 못하다면 심각한 고통을 받기 쉬운 특징을 갖는다. 그러므로 사랑하는 사람은 조심해야 한다. 그는 사랑하기에 바람직하지 않은 대상을 사랑하게 되는 일을 피하려고 노력해야 한다. 무한한 존재자에게는 가장 무차별적인 사랑함조차 안전하다. 그의 전능함이 그러한 일을 완전히 확실하게 하기 때문이다. 신은 조심할 필요가 없다. 그는 위험에 빠지지 않는다. 신은 사랑할 어떤 기회를 신중함이나 불안 때문에 포기할 필요가 없다. 다른 한편으로 넘치는 재능을 갖지 못한 우리는 사랑하려고 준비하는 일에서 한층 더 주의하고 한층 더 제한할 필요가 있다.

어떤 설명에 따르면, 전적으로 무궁무진하고inexhaustible 방해받지 않은 사랑에 의해 신의 창조적인 활동은 움직인다. 정말 무한하고 무조건적인 것으로 이해되는 이러한 사랑이 신으로 하여금 존재의 충만을 원하게 한다. 이 존재 충만 안에 사랑 대상으로 생각할 수 있는 모든 것이 포함되어 있다. 신은 사랑하는 일이 가능한 만큼 많이 사랑하기를 원한다. 신은 지혜롭지 않게 혹은 너무 지나치게 사랑하는 일에 대해 당연히 걱정하지 않는다. 따라서 신이 창조하고 사랑하려고 하는 것은 바로 존재being다. 그 존재는 모든 종류의 존재이며 존재할 수 있는 만큼 많은 존재다.

신적인 사랑이 무한하고 무조건적이라고 말하는 일은 그것이 완전히 무차별적이라고 말하는 일이다. 신은 **모든 것**everything을 사랑한다. 이때 사랑 대상의 특성이나 결과는 무관하다. 이는 이제 그 안에서 신의 존재 사랑이 표현되고 완수되는 것인, 그 창조적인 활동은 한계나 척도 없이 사랑하려는 무한하게 무차별적인 충동을 넘어서는 (다른) 어떤 동기도 갖지 않는다고 말하는 것과 같다. 그렇다면, 사람들이 신의 본성을 사랑으로 생각하는 한에서, 가능성의 순수한 최대 실현을 어떤 방식으로든 제한하는 신적 섭리나 목표는 존재하지 않는다고 가정해야만 한다. 만일 신이 사랑이라면, 우주는 단순히 존재하는 일 말고는 어떤 의미도 갖지 않는다.

우리와 같은 유한한 피조물은 물론 사랑함에서 신중하지 않을 수 없다. 전능한 행위자들은 모든 수동성에서 자유롭다. 그들에게는 어떤 일도 우연히 일어나지 않는다. 그러므로 그들은 아무것도 두려워할 필요가 없다. 반면에 우리는, 우리가 사랑할 때, 상당한 취약성substantial vulnerabilities을 초래한다. 결과적으로 우리는 방어적인 선택과 제한을 지속할 필요가 있다. 사랑을 누구에게, 무엇에게 줄 것인지에 관해 우리가 조심해야 한다는 점은 중요하다.

우리는 사랑함을 직접 의지적으로 지배할 수 없다. 이러한 사정은 우리에게 위험의 특별한 원천이다. 사랑하는 대상과 사랑하지 않는 대상은 그냥 우리 스스로 선택하고 결정함으로써 직접 자유롭게 결정할 수는 없다. 이러한 사실은 우리가 흔히 다소간 힘없이 사랑이 내포하는 필연성에 의해 조종당하기 쉽다는 점을 의미한다. 이러한 필연성은 우리를 지혜롭지 못한 방식으로 헌신하게 할 수 있다. 우리가 그것으로부터 물러날 수 없는 것이며 우리의 이익이 그것 때문에 심하게 손상될 수 있는 것인 의지적 책무 안으로 사랑은 우리를 이끌어갈 수 있다.

13

사랑의 강제하는 힘은 우리를 위험에 노출시킨다. 그럼에도 강제 그 자체는 우리와의 관계에서 사랑함의 가치에 중요하게 기여한다. 우리가 현실적으로 사랑을 (높이) 평가하는 (어느 정도 정확한) 이유는 무엇인가? 그것은 바로 사랑이 우리의 의지를 정말로 구속하기 때문이다. 그런데 우리가 관행적으로 대단한 자기 -축하적인 긍지로써 우리 자신이, 무엇보다 자유의 가치에 헌신하고 있다고 주장한다는 사정을 전제하면, 위의 이유가 타당하지 않은 것처럼 보일 것이다. 자유를 품고 있는 우리가 필연성에 복종함을 내포하는 상태를 동시에 환영한다고 설득력 있게 주장할 수 있는 방법이 있을까? 하지만 외견상의 갈등은 여기서 오해다. 이러한 외견을 사라지게 하는 열쇠는 사랑이 의지를 묶는 필연성이 그 자체로 해방시키는 힘을 갖는다는 상황, 겉보기에는 역설적이지만 그럼에도 확실한 상황 안에 있다.

이 점에 사랑과 이성love and reason 사이의 현저한, 유익한 유사성이 있다. 합리성과 사랑 능력Rationality and the capacity to love은 가장 강력하게 상징적인 인간 특성, 가장 높게 칭찬받는 인간 특성이다. 전자는 정신을 사용하는 일에서 매우 권위 있게 우리를 인도하며, 후자는 개인적, 사회적 행위에서 가장 강제적인 동기를 제공한다. 양자는 우리 안에 있는 특수하게 인간적인 것, 고귀한 것의 원천이다. 양자는 우리 인생에 존엄성을 부여한다. 그런데 특히 잘 알려져 있듯이, 각자가 우리에게 명령적 필연성commanding necessity을 부과하는 동안에 어느 하나도 우리를 조금도 무력화하거나 억압하지 않는다. 반대로 각자는 나름대로 해방과 고양liberation and enhancement의 경험을 낳는다. 우리가 논리의 저항 불가능한 요구에 동의하지 않을 수 없을 때, 우리가 사랑의 매혹적인 필연성에 굴복하지 않을 수 없을 때, 이와 연관된 우리의 감정은 결코 낙담한 소극성이나 답답함이 아니다. 두 경우에 (우리가 이성에 따르건 우리의 심정에 따르건 간에) 우리는 대체로 자신의 활기찬 해방과 확장을 의식한다. 그런데 선택의 자유가 박탈되었음에도, 우리가 우리 자신이 강화되었다고 보며 또 어떤 방식으로든 덜 억압되거나 덜 제한되었다고 보는 일이 도대체 어떻게 가능할까?

의지적 필연성이나 합리적 필연성 둘 중 하나를 만나는 일은 불확실성을 제거한다는 점이 설명의 핵심이다. 이로써 자기-의심의 방해와 주저가 약화된다. 사실임이 **틀림없는**must 것을 이성이 증명하는 일은 우리가 무엇을 믿어야 하는가에 관하여 우리 입장의 모든 우유부단을 제거한다. 버트랜드 러셀은 그가 일찍이 기하학을 연구할 때 경험했던 만족감을 설명하면서 '수학적 확실성의 편안함the restfulness of mathematical certainty'[23]을 언급한다. 수학적인 확실성은 논리적으로 또는 개념적으로 필연적인 진리에 근거한 다른 양태의 확실성과 마찬가지로, 무엇을 믿어야 할 것인가에 관하여 우리 자신 안에 있는 완전히 다른 경향성들과 싸워야 하는 일로부터 해방시키기 때문에 우리를 편안하게 한다. 그 문제는 해결되어 있다. 우리는 더 이상 우리의 마음을 정하기 위해 노력할 필요가 없다. 우리가 불확실한 한에서, 우리는 스스로를 억제한다. 사물들이 필연적으로 어떠해야 하는가를 발견하는 일

---

23 Bertrand Russell, "My Mental Development", in *The Philosophy of Bertrand Russell*, ed. P. A. Schilpp(The Library of Living Philosophers, 1946), 7.

　　　　　　　　　　　　　　　　　　　　　　　사랑의 이유

은 우리로 하여금, 우리가 사유 내용에 관하여 불확실할 때 스스로에게 부과하는 허약하게 하는 제약을 버릴 수 있게 한다. 아니 버릴 것을 요구한다. 그러면 완전한 믿음에 더 이상 어떤 장애물도 존재하지 않는다. 지속적이고 순전한 확신의 길 위에 아무것도 방해물로 등장하지 않는다. 우리는 우유부단이라는 방해물에서 해방되어 방해받지 않는 승인에 헌신할 수 있다.

비슷한 방식으로, 사랑과 결부된 필연성은 우리가 마음 써야할 것에 대한 우유부단을 종식시킨다. 사랑 대상에 사로잡힘으로써 우리는 선택과 행위의 방해물에서 해방된다. 그런데 이 방해물은 어떤 궁극 목적도 가지고 있지 않을 때 나타나거나 동시에 양방향으로[이리저리] 우유부단하게 끌릴 때 나타난다. 우리의 선택 및 행위 능력을 근본적으로 훼손할 수 있는 무관심과 불안정한 상반감정병존이 이러한 방식으로 극복된다. 우리가 사랑하지 않을 수 없으며 따라서 사랑 대상의 이익에 의해 인도되지 않을 수 없다는 사실은 (한편으로 우리가 목표 없이 헤매는 일과 다른 한편으로 우리가 유의미한 실천적 방향을 고수하는 일에서 물러나는 일이 결코 발생하지 않도록 확실히 하는 데) 우리를 돕는다.[24]

논리의 요구 및 사랑 대상의 필요는 우리를 보다 약하게 끌어

당기는 모든 대립적인 선호를 압도한다. 이러한 필연성의 독재 정권이 한 번 수립되어 있다면, 마음 써야 할 대상 혹은 생각해야 할 대상을 결정하는 일은 더 이상 우리 책임이 아니다. 그 문제에서 우리는 어떤 선택의 자유도 없다. 논리와 사랑은 우리의 인지적 활동 및 의지적 활동을 선점하여 이끈다. 논리와 사랑은 우리의 신념과 의지를 형성하는 일에 대한 지배력을, 우리가 마침 매혹적인 것으로 보게 된 다른 목표를 위하여 행사하지 못하게 한다.

그렇다면 우리를 '우리 자신으로부터' 해방시킴으로써 이성 및 사랑의 필연성이 우리를 해방시키는 것처럼 보일 것이다. 어떤 의미에서 바로 이것이 그 필연성이 하는 일이다is. 이 생각은 새롭지 않다. 자신의 직접적인 의지적 지배를 초월해 있는 강제성에 복종함으로써 사람이 해방될 수 있을 가능성은 우리의 도덕적, 종교적 전통의 가장 오래된, 가장 항구적인 주제들 가운데 하나다. 단테는 "그의His 의지 안에 우리의 평화가 있다."[25]라고

---

24 이것이 그 자체로 완전한 결정을 보장하지는 않는다. 왜냐하면 우리가 어떤 것을 사랑한다는 사실이 우리가 그것을 얼마나 많이 사랑하는가 하는 문제를, 즉 그것들의 이익이 우리의 주의를 끌기 위해서 경쟁할 수 있는 다른 사물들보다 우리가 그것을 더 좋아하는지 혹은 덜 좋아하는지를 해결하지는 않기 때문이다.

25 *Paradiso* 3.85.

사랑의 이유

썼다. 이성이 그에게 요구하는 것의 발견에서 찾았다고 러셀이 보고하는 저 편안함은, 다른 사람이 신의 냉엄한 의지the inexorable will of God를 자신의 의지로 수용함으로써 발견했다고 공언하는 저 '내적 불안으로부터의 탈출'에 적어도 어느 정도까지는 분명히 상응한다.

14

나는 사랑은 사랑 대상의 가치에 관한 어떤 판단이나 지각에 근거할 필요가 없다고 주장했다. 대상의 가치를 평가하는 일이 그것을 사랑하는 일의 본질적인 조건은 아니다. 물론 그러한 종류의 판단과 지각이 사랑을 불러일으킬 수 있음은 확실하다. 하지만 사랑은 또한 다른 방식으로도 불러일으켜질 수 있다.

다른 한편으로, 사랑함의 위험과 비용에 대한 민감성은 사람들로 하여금 그들이 특별히 가치 있는 것으로 간주하지 않는 사물을 사랑하게 될 개연성을 최소화하려고 노력하도록 정말로 자주 동기를 부여한다. 사람들은 만일 그들이 사랑할 때 비교적 적은 손해가 (그들 자신에게 혹은 그 밖에 그들이 마음 쓰는 모든 것에게) 있을 것으로 기대하지 않으면, 사랑에 의해 구속당하기를 싫어하는 경향성을 갖는다. 덧붙여 말하면, 만일 사랑 대상의 번영이 바람직하다고 생각하지 않으면, 사랑함이 요구하는 주의와 노력을 회피하는 일을 그들은 당연히 선호한다.

나아가 사랑 대상은 사랑하는 사람에 관하여 중요한 어떤 점을 폭로한다. 그것은 그의 취미와 성품을 반영하거나 반영한다고 간주될 것이다. 사람들은 그들이 마음 쓰는 대상에 근거하여 자주 판단되고 평가된다. 그러므로 긍지와 명예심 때문에 사람들은 사랑 대상이 그들과 타인들이 가치 있는 것으로 간주하는 어떤 것일 수 있도록, 가능한 한 주의하게끔 권고된다.

어떤 사람이 사랑하는 것 또는 사랑하지 않는 것은 그의 명성에 기여할 수 있다. 아니면 그것은 그의 평판을 나쁘게 할 수도 있다. 그것은 그가 나쁜 도덕적인 성품을 갖고 있다거나 그가 천박하거나 판단력이 약하거나 그가 어떤 점에서 부족하다는 사정을 보여주는 것으로 간주될 수 있다. 모든 사람이 쉽게 가질 수 있으며, 사랑하는 사람에게 ― 그 사랑이 그를 너무 강하게 장악할 경우 특별히 ― 나쁘게 영향을 준다고 광범위하게 간주되는 사랑 유형 하나는 자기 자신에 대한 사랑이다. 자기 ― 사랑self-love을 향한 성향은 완전히 비도덕적이라고 보편적으로 비난받지는

사랑의 이유

않을 것이다. 하지만 그것은 매우 매력 없는 것으로, 특별한 존중을 받을 가치는 없는 것으로 보통 무시당한다. 모든 사람은 사랑을 자기 자신에게 향하는 일보다 더 나은 일을 그의 사랑으로써 수행해야 한다고 올바르게 생각하는 사람들은 전제한다.

그렇지만 사랑에 관해 내가 제공했던 일반적인 설명의 관점에서 검토할 때 사태는 다르게 보인다. 다음 장에서 나는 자기-사랑을 이해하는 방식을 발전시킬 것이다. 이 방식은 자기-사랑에 대하여 내가 앞서 언급한 것과는 매우 다른 태도를 지지한다. 자기 자신을 사랑하게 되는 일은 성품의 결함을 증명하는 것이 전혀 아니다. 또한 허약함의 표식이 전혀 아니다. 나는 오히려 진지하고 성공적인 삶의 가장 심오하고 가장 본질적인 (결코 가장 쉽게 달성할 수 없는) 성과라고 주장할 것이다.

Three

사랑스러운
자기

사랑스러운
자기

1

거의 모든 사람이 불가피하게 마음 쓰는 대상들이 있다. 대체로
이러한 사정은 무조건 환영할 만하다. 거의 보편적으로 사랑받는
것들 가운데 많은 것에 대해서는, 그것들을 모두가 사랑하는 일
은 사실 바람직하다고 대체로 동의할 것이다. 우리들 거의 모두
가 삶을 사랑하고 자식을 사랑하며 타인과 유용한 관계를 맺는
일을 사랑한다는love living, love our children, love being in rewarding relationships
with others 등의 사실에 의해 이런 생각은 격려의 방식으로 재확인
된다. 우리는 이러한 애호의 무제한적인 발생은 인간 본성의 좋
은 특성이라고 믿는다. 불가결한 정당한 재화로 인정되는 것들의
집합에 거의 모든 사람이 강하게 구속되어 있다는 사실이 이로써

보증된다.

　하지만 중요한 예외가 적어도 하나는 있다. 대체로 어떤 사람이 자기 자신을 사랑하는 일은 매우 자연스러우며 따라서 다소간 불가피하다고 추정된다. 마찬가지로 이러한 일이 아주 좋은 일은 아니라고 추정된다. 많은 사람은 (자기-사랑의 경향이 보편적이며 동시에 본질적으로 근절 불가능하다고 간주할 때, 특별히) 자신을 사랑하는 우리 대부분의 이러한 맹목적인 성향이 인간 본성의 심각하게 유해한 결함이라고 믿는다. 그들의 견해에 따르면, 우리가 사랑하는 다른 것들, 우리가 사랑하면 좋을 다른 것들에 충분히 그리고 알맞은 방식으로 (즉, 이타적으로selflessly) 헌신하는 일을 불가능하게 만드는 것이 바로 대부분 자기-사랑self-love이다. 자신을 사랑하는 일은 도덕의 요구에 관해서뿐만 아니라 중요한 도덕무관적인nonmoral 재화와 이상에 관해서도 적절하게 마음 쓰는 일을 자주 파괴적인 방식으로 심각하게 방해한다고 그들은 생각한다. 우리가 자기-사랑에 너무 깊이 빠져 있다는 주장은 정말로, 마땅히 영위해야 할 삶을 막는 거의 극복 불가능한 장애물을 식별[확인]하는 의미로 자주 제기된다.

2

자기 – 사랑self-love의 이른바 무소부재하고 무자비한 지배력 때문에 특히 당황하고 낙담한 사람들 가운데 하나가 칸트다. 칸트는 자기 – 사랑을 도덕의 진보를 막는 장애물로 생각했기 때문에 사람들이 자기 자신을 사랑한다는 사실은 칸트를 괴롭혔다. 그의 견해에 따르면, 사람들이 무엇을 할 수 있는지에 상관없이 그들이 행동할 때의 동기는 도덕이 요구하는 동기가 아닐 것이 거의 필연적이다.

윤리 형이상학 정초 Grundlegung zur Metaphysik der Sitten, Foundations of the Metaphysics of Morals[26]의 제2장 서두에서 칸트는 어떤 사람의 행위가 순전한 도덕적 가치를 갖는다는 점을 우리가 정말로 확실히 안다는 것이 거의 불가능한 것처럼 보이는 상황에 대하여 심사숙고한다. 사람들이 실제로 유덕有德하게 행동했다고 정당하게 간주될 수 있는지 하는 문제가 우리에게 항상 불가피하게 매우 불확실함에 틀림없다는 사정 때문에 그는 놀라워한다. 그를 괴롭히

---

26 칸트 인용은 모두 Lewis White Beck 판과 이 작품의 번역 *Immanuel Kant, Critique of Practical Reason and Other Writings in Moral Philosophy*(University of Chicago Press, 1949)에 따른다.

는 난점은 주어진 상황에서 도덕이 어떤 행위를 명령하는가를 식별하는 우리의 능력에 관한 의심으로부터 발생하는 것이 아니다. 칸트에게 그것은 쉬운 부분이다. 인간 행위의 현명한 도덕적 평가에 이르는 일에서 심각한 문제는 칸트가 보기에, 인간적 동기 발생motivation의 불투명한 애매성이다.

어떤 사람이 행했던 것이 (그의 외적 행위에 관한 한) 상관된 모든 도덕적인 요구에 완전히 일치함이 분명할 때조차 그 사람이 유덕하게 행동했는지 하는 물음은 상당히 불분명하게 남아있을 수 있다. 진정 그의 행위 자체가 도덕법의 명령을 아무리 완전히 따른다 하여도 그 행위는 그에게 어떤 도덕적인 명예를 갖다 주는 데 실패할 수 있다. 의무가 요구했던 행위를 정확히 수행했다는 사실이 그가 행위 수행에서 도덕적으로 가치 있었다는 판단을 저절로 보증하지는 않는다. 그러한 유형의 판단에 도달하는 일은 어떤 사람이 무엇을 했는지에 의해 단순히 보증되지는 않는다. 그 일은 무엇이 실제로 그 사람을 움직여서 행위를 수행하게 했는지 하는 점을 결정적으로 고려해야만 한다.

칸트에 따르면, 행위 수행이 행위자 자신이 하고 싶어 하는 것 이상의 동기를 갖지 않으면, 그 행위 수행 안에는 어떤 도덕 가치도 존재하지 않는다. 만일 행위자를 행동하게끔 하는 욕구가 그냥 자신의 욕구이기 때문에 동기가 되는 욕구라면, 그 욕구가 선의로 타인의 행복을 목표로 하는지 혹은 어떤 천박한 사적 이득을 탐욕스럽게 목표로 하는지 하는 문제는 아무 차이가 없다. 두 경우 모두 결정적인 점은 바로 행위자가 마침 그것을 하고자 하는 경향성을 갖기 때문에 그 행위를 수행한다는 점이다.

관대함이라는 경향성을 갖는 사람이 이기적인 사람보다 확실히 선호될 수 있다. 본성이 붙임성 있고 요구가 적은 동물이 성격적으로 적대적인 동물보다 관계 맺기가 더 좋다는 것은 분명 사실이다. 이렇듯 사람과 동물의 자연적인 경향성은 (똑같이) 대립적이다. 그런데 사람이 보여주는 경향성의 대립이 동물이 보여주는 경향성의 대립보다 더 큰 **도덕적인**moral 중요성을 갖는 것은 전혀 아니라고 칸트는 주장한다. 그의 견해에 따르면, 본성적으로 관대한 사람이, 본성상 바로 사랑스럽게 순종적이고 다정한 사람－아닌nonhuman 피조물보다 더 도덕적으로 가치 있는 것은 아니다.

칸트는 여기서 중요한 점 하나를 정말 간파한 듯하다. 어떤 사람이 본성적으로 어떤 행위를 하는 경향이 있기 때문에, 바로(달리 말하면, 그가 그 행위를 하고 싶어 하기 때문에 바로) 그 행위를 수행하는 일에 대하여 도덕적인 명예가 그에게 수여되어야 할 이유가 도대체 무엇인가? 확실히 개인적인 목표를 추구하는 일이 필연적으로 잘못인 것은 아니다. 하지만 행위를 지배하여 자신의 욕구에 일치시키는 일에 그가 성공했다고 해서 그것을 중요한 도덕적moral 성과로 간주하는 일은 거의 불가능하다. 칸트는 바로, 사람들이 좋아하는 일을 행했다고 해서 그들을 도덕적으로 존경스럽다고morally admirable 간주하는 일은 무의미하다는 어느 정도 타당해 보이는 주장을 내세우고 있다.

이 문제에 대한 칸트의 설명에 따르면, 진정한 도덕적 명예를 얻을 수 있는 유일한 길은 그것이 옳은 일이기 **때문에**because 그 옳은 일을 수행하는 길이다. 도덕성의 요구를 충족하려는 숙고된 의도로써 행위가 수행되지 않는다면, 그 어떤 행위도 도덕적으로 가치가 없다고 그는 믿는다. 그러므로 행위 내용에 근거하여 행위자에 관한 정확한 도덕적 평가에 도달하기 위해서 우리는 그 사람의 행위 수행의 동기motives를 알아야만 한다.

칸트에게―물론 칸트에게만은 아니다―이는 어려운 부분이다. 어떤 한 경우에 인간의 사실적 행위의 실제적인 정확한 동기에 관하여 확실성을 확보하는 일은 매우 어렵다. 인간의 심리학은 복합적이고 이해하기 매우 어렵다. 인간의 행위 원천은 애매하다. 우리는 타인의 동기에 관해서뿐만 아니라, 우리 자신의 동기에 관해서도 마찬가지로 자주 오해한다. 그러므로 우리가 어떤 사람이 진짜로 의무 때문에 행동하고 있다는 사정을 — 달리 말하면, 어떤 사적 경향성이나 욕구가 아니라, 비개인적인impersonal, 특정 개인과 무관한 도덕적 명령의 이성적 권위에 대한 존경이 수행 중인 행위의 동기라는 사정을 — 정당하게 신뢰할 수 있는 경우는 (만일 그런 경우가 도대체 있다면) 정말 매우 드물다.

3

칸트는 사실, 우리가 이러한 사정을 전적으로 신뢰할 수는 **결코** never 없다고 확신하고 있다. 첫째로, 어떤 사람이 **오로지**solely 의무 때문에 행동하는 "단 하나의 경우도 완전한 확실성으로써 분간하는 일이 경험상 절대적으로 불가능하다."Grundlegung, A26고 칸트는 믿는다. 도덕적인 숙고는 어떤 사람을 움직이는 **유일한**only 숙고가 **결코**never 아니다. 다른 유인과 의도가 **항상**always 작동하고 있다. 게다가 행위자를 가장 효과적으로 움직이게 하는 것은 의무의 요구가 아니라 다른 동기적 요인일 가능성도 결코 완전히 배제할 수 없다.

결정적인 역할을 수행하는 것이 도덕성임이 **틀림없는**must 것처럼 보이는 경우도 정말 가끔 있다. 만일 어떤 도덕적인 고려라는 동기적인 힘을 제외하면, 어떤 행위가 수행된다는 사실에 관하여 적절히 설명할 **수**could 있는 다른 어떤 것도 우리가 발견할 수 없는 것처럼 보이는 상황도 때때로 있다. 하지만 그때조차도 우리는 정말로 무슨 일이 일어나고 있는가에 관하여 쉽게 오해할 수 있다. "의무의 이념으로 거짓으로 나타나는 자기 – 사랑이라는 비밀스러운 충동이, 의지를 결정하는 진정한 원인이 실제로 아니라는 점을 결코 확실히 추론할 수 없다."ibid고 칸트는 경고한다. 사람들은 복잡하고 애매하기만 한 것이 아니다. 그들은 또한 기만적deceptive이다. 우리가 타인의 뜻을 잘못 읽는 경우가 전적으로 드문 일은 아니다. 또한 우리 자신에 관해서 환상을 갖는 일, 잘못 생각하는 일에 대한 확실한 면역력을 우리가 즐기는 것도 아니다.

칸트는 냉소적이지 않다. 다만 그는 계속 현실주의적이기를 원한다. 그의 잘 숙고된 판단은 다음과 같다. "냉정한 관찰자는 이 세상 어디에서 진정한 덕이 진짜로 발견될 수 있는지에 관하여 의심스러워하지 않을 수 없다."Grundlegung, A27 이렇게 말하면서 칸트는 조롱하고 있지 않다. 인간성에 대한 그의 기본 태도는 거

　　　　　　　　　　　　　　　사랑의 이유

부하는 경멸이 아니다. 그는 사람들에게 중요한 것을 이해하려고 노력하면서, 의심스러운 경우에는 사람들의 편을 들려고the benefit of the doubt 상당히 준비되어 있다. 그러나 어떤 한계까지만 그렇다. "우리 행위들 대부분은 **의무에 적합하다는**in accordance with duty 사정을 나는 인간성을 사랑하는 마음에서 인정하고자 한다. 그러나 우리가 우리의 생각과 욕망을 보다 상세히 살펴본다면, 우리는 도처에서 현저하게 눈에 띄는 **사랑스러운 자기**the dear self를 만나게 된다. 행위들의 의도는 의무의 엄격한 명령에—이 명령은 자주 자기-부정self-denial을 요구하게 될 것이다—근거하는 것이 아니라 바로 이 사랑스러운 자기에 근거한다."ibid. 강조는 원저자 칸트의 강조가 아니라 발췌자 H. Frankfurt의 강조임(역주)

칸트의 생각은 충분히 분명하다. 개인적인 경향성에 사로잡혀 있는 일로부터 우리가 한 번이라도 완전히 해방될 수 있다는 점 또는 경향성이라는 주도하는 동기적인 추진력으로부터 우리가 한 번이라도 철저히 격리될 수 있다는 점을 칸트는 의심한다. 일률적으로 더 높은 우월권을 즐기는 것, 우리 행위에 더 결정적인 영향력을 발휘하는 것, 그것은 도덕성을 위한 우리의 헌신이 아니라, 바로 우리 자신의 경향성에 따르는 우리의 관심이라고 칸트는 믿는다. 우리의 태도와 행위가, 적어도 어느 경우에는, 의

무의 명령에 잘 순응하는 일을 성심껏 목표로 한다고 우리는 (정말 진지하게) 우리 자신에게 말할 수 있다. 하지만 칸트는 실제로는 태도와 행위가 항상 일차적으로 욕구의 압력에 순응할 것이라고 추측한다. 우리가 매우 진지하게 마음 쓰는 것은 바로 우리 자신의 욕구이다. 우리는 불가분하게 욕구 안에 파묻혀 있다. 그리고 우리를 불변적으로 가장 막강하게 움직이게 하는 것은 바로 그 욕구이다. 우리가 옳은 일을 할 때조차 우리는 도덕 법칙에 대한 존경으로부터 행동하는 것이 아니라 기본적으로 우리 자신의 충동과 야망을 충족하기 위해 행동한다.

4

칸트에 따르면, 자기-사랑의 충동은 우리의 삶 도처에 있으며 매우 강제적이므로 우리가 유덕하게 도덕 법칙에 따르는 일을 불가능하게 만든다. '도덕적으로 가치 있음'이 요구하는 내용에 관한 칸트의 생각에 나는 이의를 제기하려고 하지 않는다. 또 그 문제 때문에 칸트의 도덕 이론의 어떤 다른 요소를 논박하려고 하지도 않는다. 나는 도덕성의 요구와 개인적 욕구의 요구 사이에 난해한 적대 관계가 있다는 그의 신념이 틀렸다고 주장하지 않을 것이다. 다른 한편으로, 칸트가 자기the self에 관하여 말하는 것 그리고 우리 자신에 관한 우리의 태도에 관하여 말하는 것은 초점에서 심각하게 어긋난다고 생각한다.

칸트는 비타협적인 도덕적 엄격함 때문에 명성을 얻는다. 그러나 내가 인용했던 그의 책의 구절에서 정상적인 인간 감정에 대하여 강하게 무관심하다는 인상 혹은 인간적인 허약함의 친숙한 측면에 대하여 매정하다는 인상을 칸트가 제공하지 않는다는 점이 언급되어야만 한다. 정말로 인간 성품의 본래 약점에 대한 그의 슬픈 암시 안에 그리고 그 안에서 우리가 그러한 약점을 감추려고 하는 자기-기만이라는 근심스러운 조작에 대한 그의 슬픈 암시 안에, 매력적으로 날카롭지만 상당히 달콤한 어떤 것이 들어 있다.

그런데 자기 자신을 사랑하는 불가피한 인간 성향에 관한 칸트의 아쉬움이 전체로 다정하고 신중할지라도, 아쉬움이라는 이러한 태도가 진짜로 적절하다고 가정할 무슨 이유가 있는가? 모든 것을 고려해볼 때, 우리가 우리 자신을 사랑하는 성향이 왜 그토록 당황스럽거나 불운한 것인가? 이 성향에 관하여 슬퍼하거나 이 성향을 혐오하는 일이 올바르다고 간주해야 할 이유는 도대체 무엇인가? 왜 우리는 우리의 정말 진정한 목표에 도달하는 일에 그 성향이 어떤 식으로든 두려운 방해물이라고 추정해야 하는가? 왜 우리는 자기-사랑을 우리가 합리적으로 목표로 삼아야 하는 생활 방식에 대한 전적인 방해물이라고 생각해야 하는가?

마침내, **우리가 우리 자신을 사랑하는 것처럼**as we love ourselves, 우리의 이웃을 사랑하라는 창조자an Author의 ─ 그의 도덕적 권위는 칸트의 권위보다 확실히 더 낫다 ─ 명령을 우리가 듣지 않는가? 그 명령은 자기-사랑에 대한 경고처럼 들리지 않는다. 그 명령은 우리가 우리 자신을 사랑하는 **대신에**instead 타인을 사랑해야 한다는 점을 선언하지도 함의하지도 않는다. 진정으로 그것은 자기-사랑이 덕德의 적敵이라는 점 또는 자기 자신을 소중히 여기는 일이 어쨌든 불명예스러운 일이라는 점을 결코 암시하지 않는다. 그와는 반대로, 우리가 우리 자신을 사랑하는 것처럼 타인을 사랑하라는 신의 이 명령은 심지어 자기-사랑을 특별히 도움이 되는 패러다임으로 (실천적 생활의 행위에서 우리가 진지하게 자신을 인도해야 할 때 기준으로 삼는 모범이나 이상으로) 적극적으로 권장하는 것으로 간주될 수 있다.

의심할 것 없이, 신의 명령의 진정한 의미는 이러한 의미와는 매우 다르다고 상당한 정당성으로써 반론을 제기할 수 있다. 우리가 우리 자신을 사랑하는 것처럼 타인을 사랑하라고 성서가 권고할 때, 아마 그것은 우리로 하여금, 우리가 자신에게 아낌없이 주는 경향이 있는 것과 똑같은 강도로 혹은 그와 똑같은 약화되지 않는 헌신으로 타인을 사랑하게끔 격려하려고 하는 일만을 의도할 수 있다. 이렇게 읽을 때 요점은 우리가 사랑스러운 자기를 향하여 특징적으로 드러내는 것과 똑같은 성실하고 지속적인 헌신을 타인을 향한 우리의 사랑에서도 발휘해야 한다는 점에 머물 것이다. 모범으로 제시되는 것은 자기 - 사랑 그 자체가 아니다. 달리 말하면, 그것은 바로 우리가 보통 우리 자신을 사랑할 때의 특별히 완전한fulsome 방식일 따름이다.

어쨌든 나는, 사람들이 자기 자신에 대해 본성적으로 가지고 있다고 추정되는 사랑을 다른 시선으로써 보고자 한다. 나는 '사랑스러운 자기'의 의미를 이해하는 칸트의 방식에 대한 대안 하나를 제안하고 싶다. 이 일은 자기 - 사랑의 중요성 및 그 가치에 매우 다른 한줄기 빛을 던져줄 것이다.

5

내가 이해하는 방식의 자기-사랑은 칸트가 우리는 자기를 너무 사랑스러운 것으로 본다고 불평할 때 생각하는 태도와는 상당히 다르다. 자기 자신을 사랑하는 사람들에 관하여 칸트는 다음과 같이 기술한다. 그들은 자신의 경향성과 욕구를 충족하려는 관심에 의해 우선적으로 동기부여된 사람이며, 어떤 개별 상황에서도 당연히 그때그때 가장 강한 경향성과 욕구에 의해 행동하게 될 사람이다. 그러한 사람들은 내가 자기-사랑으로 생각하는 것에 의해 움직이고 있지 않다. 사랑스러운 자기에 그들이 집착하는 일은 자기-사랑과는 덜 비슷하고 오히려 자기-관용self-indulgence, 自己-寬容, 방종, 자기-허용. 여기서는 자신의 모든 욕구를 자신의 욕구로 허용함이라는 의미(역주)과 더 비슷하다. 자기-관용[방종]은 (자기-사랑과는) 완전히 다른 것이다.

사랑의 태도와 관용의 태도, 양자는 매우 상이하다. 그뿐만 아니라 양자는 자주 대립한다. 자식을 사랑하는 부모는, 그들이 예민하다면, 관용적임을 피하기 위해 매우 주의할 것이다. 부모의 사랑은 부모로 하여금 자식이 마침 정말 많이 원하는 것이면 무엇이든지 전부 다 제공하게 하지는 않는다. 오히려 부모는 자

사랑의 이유

식에게 진실로 중요한 것에 관하여 염려하면서 (달리 말하면, 자식의 진정한 이익을 보호하고 증진시키는 일을 목표로 함으로써) 사랑을 보여준다. 오로지 그러한 목표에 자식이 도달할 수 있도록 도와주는 한에서만 부모는 자식이 원하는 것을 고려한다. 부모가 자식을 정말 사랑하는 바로 그 이유 때문에, 자식이 정말로 부모로 하여금 수행하게 하고 싶어 하는 많은 일을 부모는 하지 않는다.

바로 이와 똑같은 방식으로 사람은 자기를 사랑함을 보여준다. 즉, 그는 그가 자신의 진정한 이익이라고 간주하는 것을 보호하고 증진시킴으로써 (비록 이렇게 하는 일이, 그를 강력하게 움직이지만 저 (진정한) 목표로부터 빗나가게 할 위험이 있는 욕구를 좌절시킬지라도) 자기를 사랑함을 보여준다. 칸트의 설명에 따르면, 사랑스러운 자기가 열망하는 것은 자기가 진정으로 그리고 현명하게 사랑받는 일이 아니다. 사랑스러운 자기는 단지 자신의 충동과 욕구의 충족만을 열망한다. 달리 말하면, 사랑스러운 자기는 자신이 하고 싶은 대로 허용되기를 열망한다. 하지만 어떤 사람이 자기-사랑을 드러내는 것은 바로 자기-관용으로써가 아니다. 우리 자신에 대한 진정한 사랑은 자식에 대한 진정한 사랑처럼 다른 유형의 신중한 주의를 요구한다.

6

이제 자기-사랑의 본성을 보다 상세히 살펴보자. 다른 유형의 사랑 모두처럼 사람에 대한 사랑love for a person은 개념적으로 필수 적인 네 가지 주요 특징을 갖는다. 첫째, 사랑은 가장 기본적으로 사랑받는 사람의 행복 혹은 번영에 관한 사심 없는 관심이다First, it consists most basically in a disinterested concern for the well-being or flourishing of the person who is loved. 사랑은 사랑받는 사람의 선善을, 그 자체를 위하 여 욕구되는 어떤 것으로 추구하는 것 이외의 어떤 다른 후속 목표에 의해서 움직이지 않는다. 둘째, 사랑은 불가피하게 개인 적이기 때문에 (자선慈善 같은) 사람들에 관한 다른 양태의 사심 없는 관심과는 같지 않다Second, love is unlike other modes of disinterested concern for people — such as charity — in that it is ineluctably personal. 사랑하는 사 람이 어떤 다른 사람을 (그 다른 사람이 자신이 사랑하는 사람과 아무리 비슷할지라도) 자신이 사랑하는 사람의 적절한 대체물이 라고 일관적으로 생각하는 일은 불가능하다. 사랑받는 사람은 그 자신 때문에 사랑받는 것이지, 어떤 유형에 속하는 하나의 사례 로서 사랑받는 것이 아니다. 셋째, 사랑하는 사람은 사랑받는 사 람과 자기를 동일시한다Third, the lover identifies with his beloved. 즉, 그는

사랑의 이유

사랑받는 사람의 이익을 자신의 이익으로 간주한다. 결과적으로 사랑받는 사람의 이익이 적절히 보호되느냐 아니냐에 따라 사랑하는 사람은 이익을 얻기도 하고 고통을 당하기도 한다. 마지막으로 사랑함은 의지에 대한 억압을 내포한다Finally, loving entails constraints upon the will. 우리가 무엇을 사랑하고 무엇을 사랑하지 않는가 하는 점은 우리에게 의존하지 않는다. 사랑은 선택의 문제가 아니다. 오히려 사랑은 우리의 직접적인 의지적 지배를 벗어나 있는 조건에 의해 규정된다.

우리가 이것들을 사랑을 정의하는 특징으로 수용한다면, 자기-사랑은 (그 의심스러운 평판에도 불구하고) 사랑의 모든 양태 가운데 어떤 의미에서는 가장 순수한 양태이다. 독자는 아마 내가 (진지하게) 이렇게 주장할 수는 없을 것이라고 가정하기 쉬울 것이다. 자기-사랑이 사랑의 가장 순수한 유형이라는 이 주장이 도대체 진정으로, 변덕스럽고 무책임한 역설 놀이 이상의 어떤 것일 수 있을까? 하지만 실제로 자기-사랑의 예외적인 순수성은 쉽게 증명할 수 있다.

물론 이 주장은 자신을 사랑하는 일이 특별히 고귀하다거나 어떤 사람의 성품을 특별히 잘 반영한다는 의미의 주장은 아니다. 오히려 그 주장은 다음과 같은 이유로 자기 자신에 대한 사랑이 사랑의 다른 유형보다 더 순수하다는 주장이다. 왜냐하면 바로 자기-사랑의 경우, 사랑이 애매하지 않고 섞인 것이 없을 unequivocal and unalloyed 가능성이 가장 크기 때문이다. 달리 말하면, 자기-사랑의 예는 다른 유형의 사랑의 예보다 훨씬 더 가깝게, 사랑함의 본질을 식별하는 기준에 따른다. 언뜻 보면, 우리는 자신에 대한 사랑을 사랑의 퇴폐 유형으로 느낄 것이다. 그리고 이 퇴폐 유형은 아마, 전적으로 진짜 사랑 유형은 아닐 것이다. 하지만 한편으로 자기-사랑, 다른 한편으로 사랑의 본성을 정의하는 개념적으로 불가결한 조건들, 실제로 이 양자는 특히 잘 어울린다.

7

어떤 사람이 자신을 사랑할 때, 사랑하는 사람이 사랑 대상과 자기를 동일시하는 일은 분명히 확고하고 완전[축소 불가능]하다. 우선 이 점은 너무 많은 논란 없이도 확실히 인정될 것이다. 말할 필요 없이 자신을 사랑하는 사람에게는 그의 고유한 이익과 사랑 대상의 이익이 동일하다. 여기서 사랑하는 사람이 자기 이익을 사랑 대상의 이익과 동일시하는 일은 다른 유형의 사랑에서는 불가피하게 발생하는 불일치, 불확실성이나 망설임을 고려할 필요가 없다.

자신을 사랑하는 사람은 그의 사랑 대상에게 헌신한다. 그런데 이 대상이 어떤 일반적인 유형의 한 사례나 범례라기보다는 특별한 개인이라는 점은 한층 더 분명하다. 어떤 사람의 자기-사랑을 동가치적인 대체물에게 전이 가능한 것으로 간주하는 일은 전적으로 불가능하다. 어떤 여인을 사랑하는 남자는 아마 그 여인과 매우 비슷한 다른 여인을 매력적이라고 생각하고 매혹당할 수 있을 것이다. 그런데 어떤 사람이 다른 사람이 자기 자신을 많이 닮았다고 믿게 되는 상황을 가정해보자. 그 유사성은 그가 자신을 사랑하듯이 그 다른 사람을 사랑하게 유도하는 일을 거의 할 수 없을 것이다. 우리로 하여금 자신을 사랑하게 하는 요인은 타인도 우리처럼 똑같이 소유할 수 있는 특징을 우리가 소유하고 있다는 점과는 전적으로 다르다.

셋째로, 자기-사랑은 우리의 직접적인 의지적 지배 외부에 있다. 그뿐만 아니라, 우리는 우리가 다른 사물을 사랑하게 되는 것보다 훨씬 더 자연스럽게, 훨씬 더 걱정 없이 자신을 사랑하게 된다. 더욱이 자기-사랑을 향한 우리의 경향성은 사랑의 다른 양태보다 간접적인 영향과 조작에 의해 효과적으로 금지되는 일 혹은 차단되는 일에 훨씬 덜 민감하다. 그 경향성이 완전히 저항 불가능하지는 않을 것이지만, 그 경향성을 극복하거나 회피하기 는 특별히 어려울 것이다. 대다수의 사물에 대한 우리의 사랑과는 달리, 자기-사랑은 외부 원인에—이 외부 원인은 어떤 조작적 인 영향력을 발휘할 기회를 우리에게 제공할 수 있다—의해 산 출되지 않거나 외부 원인에 대체로 의존하지 않는다. 자기-사랑 은 우리 본성에 깊이 뿌리박고 있으며, 매우 큰 정도로, 우연성에 의존하지 않는다.

마지막으로, 자기-사랑의 혼잡하지 않은 순수성은 어떤 외 부적이거나 후속하는 목표의 침투에 의해 거의 한 번도 손상을 입지 않는다. 우리 자신의 행복이 어떤 다른 선으로 이끌 것을 기대하기 때문에, 일차적으로 바로 이 이유 때문에, 우리가 우리 자신의 행복을 추구하는 일은 정말 거의 없다. 우리가 우리 자신 에게 바치는 그 사랑 안에서 사랑받는 사람의 번영은 다른 유형 의 사랑에서보다 훨씬 더 큰 정도로 그 자체를 위해서 추구된다. 아니 오로지 그 자체만을 위해서 추구된다. 자기-사랑이 **이타적** selfless일 것이라고 말하는 일은 아마 불합리한 일에 너무 엄청나게 근접하는 일일 것이다. 하지만 자기-사랑을 **사심 없는**disinterested 것으로 특징짓는 일은 완전히 적절하다. 참으로 자기-사랑은 거

　　　　　　　　　　　　　　　　　　　　　　　사랑의 이유

의 항상 완전히 사심 없다. 즉, 사랑 대상의 이익이 아닌 다른 이익에 의해서는 전혀 움직이지 않는다는 글자 그대로의 분명한 의미에서 자기 - 사랑은 사심 없다.

8

자기 - 사랑의 특성을 밝히기 위한 연상적 모델로as a suggestive model 부모가 어린 자식에 대해 보통 갖고 있는 (똑같은 정도는 아니지만) 비교적 순수한 사랑을 참고할 수 있다. 부모의 사랑은 사람들의 자기 - 사랑과 매우 유사하다는 중요한 점이 있다. 이러한 두 가지 유형의 사랑 사이의 밀접한 유사성은 각각의 경우에, 사랑하는 사람이 사랑받는 사람과 본성적으로 그리고 다소 불가항력적으로 동일시하는 놀라운 정도 때문일 것이다.

자기 - 사랑에서는 자기 - 사랑자의 이익과 자기 - 사랑 대상의 이익 사이에 어떤 불일치도 있을 수 없다. 부모와 자식의 특징적인 동일시가 일반적으로 오히려 더 제한적이고 덜 확실하다. 그럼에도 이 동일시는 대체로 분명히 포괄적이고 강제적이다. 결국 자식은 글자 그대로 그 부모의 신체 내부에서 발생한다. 그리고 부모는 자식의 탄생 뒤에도 정말 오랫동안 자식을 덜 신체적인 어떤 방식으로, 여전히 자신의 부분으로 경험하는 일을 보통 계속한다. 이 결합의 친밀성과 생생함은 자식이 부모로부터 분리되어 자신의 길을 가게 됨으로써 감소하는 경향을 갖는다. 하지만 그때까지는 그리고 그 이후에도 자주, 부모의 동일시 범위와 강도는 특별하다.

자기-사랑과 부모가 어린 자식의 이익을 위하여 갖는 사랑하는 관심은 다음과 같은 점에서도 역시 비슷하다. 각각의 사랑은 사랑받는 사람의 선善에 헌신하는 일이다. 물론 모든 종류의 진정한 사랑은 그러하다. 또한 양자의 경우 이 헌신이 보통 어떤 외적인 야망이나 의도라는 동기도 갖지 않는다. 부모는 보통 오로지 비수단적인 방식으로 자식의 선에 마음 쓴다. 그들은 그 선을 **오직**only 그 자체 때문에 높게 평가한다. 이는 또한 사람들이 자신의 선에 헌신하는 방식의 특징이기도 하다. 양자의 경우 모두, 사랑하는 사람은 보통, 사랑 대상의 이익을 보호하고 증진시키려는 그의 노력이 어떤 다른 이익을 가져오는 데 아울러 유용할 것이라고 예기하거나 의도하지 않는다.

다른 한편으로, 자식도 아니고 자기도 아닌 사람을 사랑하는 일이 그처럼 철저히 사심 없는 경우는 매우 드물다. 그것은 그

사랑의 이유

보답으로 사랑받을 희망이나 사랑 대상의 행복과는 구별되는 어떤 다른 재화를 (예를 들면 동료 관계, 정서적·물질적 안정, 성적인 만족, 명성 등을) 획득할 희망 안에 거의 항상 실제로 정초되어 있거나 만일 그렇지 않다면, 그러한 희망과 거의 항상 섞여 있다. 자기-사랑은 거의 불변적으로 이러한 계산된 기대 혹은 은연중의 기대로부터 자유롭다. 자기-사랑의 경우만큼 이러한 기대로부터 자유로운 경우는 오직 사랑 대상이 사랑하는 사람의 자식일 때다. 부모가 보통 유아가 어느 날 부모를 사랑할 것을 정말 희망한다는 점은 사실이다. 그리고 부모는 때가 되면 자식이 그들에게 부가적인 이득을 아울러 제공할 것이라고 자주 희망할 수 있다. 하지만 이러한 희망은 보통 눈에 띄지 않는다. 그 희망은 일반적으로 두드러지지 않으며, 적어도 자식이 아주 어린 동안에는 정말로 너무 부적절하다. 그러므로 사랑 대상의 선에 관한 사랑하는 사람의 사심 없는 관심이 오염되어 있지 않을 경향뿐만 아니라 어떤 다른 선에 대한 관심도 전혀 수반하지 않을 경향은 요구가 없는 부모의 사랑과 자기-사랑 양자의 똑같은 특징이다.

　마지막으로 부모의 사랑과 자기-사랑은 우리를 본성적으로 장악하는 실제적으로 불가피한 힘에서 유사하다. 부모가 전혀 돌

보지 않는 운 없는 어린 자식이 있는 것은 사실이다. 또한 자기 자신에 관하여 전혀 마음 쓰지 않는 경솔하게 무관심한 개인 혹은 심각하게 우울한 개인 혹은 분별없는 자기-관용적인[방종한] 개인도 존재한다. 하지만 이러한 경우는 드물다. 더욱이 그 경우는 인간 본성에 관한 우리의 기본적인 기대와 너무 어긋나서, 보통 우리는 이를 병病이라고 생각한다. 정상인은 자식을 사랑하게 되는 막강한 동기를 갖지 않을 수 없다고 우리는 생각한다. 마찬가지로 정상인은 자신을 사랑하는 막강한 경향을 갖지 않을 수 없다고 우리는 생각한다. 사랑하는 부모일 경향, 스스로를 사랑하는 경향은 우리에게 본성적이다. 이 두 경향이 완전히 근절 불가능하지는 않을 것이다. 하지만 우리는 그 두 경향이 특별히 안정적일 것이라고 정말 기대한다. 우리 자식과 우리 자신이 문제라면 우리는 변덕스러운 성향을 거의 갖지 않는다.

9

그렇다면 무엇이 자기-사랑의 특별한 성질인가? 사랑의 이러한 변형은 어떤 방식으로 표출되며 무엇을 함의하는가? 어떤 사람이 진정으로 자신을 사랑하는 한에서 그 사랑함은 결국 무엇이 되는가?

자기‒사랑은 사랑의 한 양태이므로 그 중요한 본질에서 자기‒사랑은 다른 종류의 사랑과 물론 다르지 않다. 모든 유형의 사랑과 마찬가지로 자기‒사랑의 핵심은 사랑하는 사람이 사랑받는 사람의 선에 그 자체를 위하여 마음 쓴다는 점이다. 그는 그가 사심 없이 사랑하는 사람의 진정한 이익을 보호하고 추구하기 위하여 마음 쓰고 있다. 이 경우에는 사랑받는 사람이 자기 자신이기 때문에 그가 자기‒사랑으로써 헌신하는 이익은 자신의 이익이다.

그런데 그러한 이익은 모든 사람의 진정한 이익과 마찬가지로 그가 사랑하는 것에 의하여 지배되고 한정된다. 그에게 무엇이 중요한가를 정하는 것은 바로 그 사람이 무엇을 사랑하는가이다. 그러므로 어떤 사람의 자기‒사랑은 단순히 그 핵심에서, 그 사람이 사랑하는 것이 무엇이든지 간에, 바로 그 사랑 대상에 대한 사심 없는 관심이라는 점은 자명하다.[27] 자기 자신을 사랑하는 사람은 그가 사랑하는 것을 사랑함으로써 그냥 저 사랑[자기‒사

---

[27] 상황이 실제로 아주 단순하지는 않다. 이는 다음 12절에서 나타날 것이다.

랑을 표출하고 증명한다는 점이 자기-사랑의 본질적인 본성의 가장 명료한 특성이다.

따라서 자기-사랑의 대상을 일률적으로 단일한 유형인 것, 즉 각각의 것이 '자기'로 적절히 식별되거나 특징지어지는 대상으로 이해하는 일은 많은 도움이 될 수 없다. 자기 사랑이 실제로 그것에 헌신하는 어떤 것anything이 도대체 존재하기 위해서는 그 사람이 사랑하는 어떤 다른 것something else이 ─ 이것은 합리적으로 혹은 지성적으로도 '자기'로 식별될 수 없다 ─ 존재해야만 한다. 사람들이 자기 자신에 대한 사랑으로 언급하는 것은 결코 일차적인 것이 아니다. 적어도, 매우 단순하게 글자 그대로 해석된 의미에서 일차적인 것이 결코 아니다. 이러한 사랑은 필연적으로 자기 자신과는 동일하지 않은 사물에 대하여 사람들이 갖는 사랑으로부터 유래[파생]한 것이거나 그것으로써 구성된 것이다. 그러면 아마 결국 자기-사랑에서 사랑하는 사람과 사랑받는 사람이 엄밀하게 동일하다고 보는 일은 완전히 올바르지는 않을 것이다. 어떤 사람이 다른 사물을 사랑하지 않는 한에서 그 사람은 자기 자신을 사랑할 수 없다.

이러한 사정 때문에, 자기-사랑이라는 바로 이 개념이 너무 빈약해서 쓸모없다고 제안할 수 있다. 그 개념은 정말 무의미한 반복에 의해 발생한 단순한 잉여a mere redundancy, 剩餘 이상이 아닌 것으로 보인다. 사랑 대상의 이익을 위한 헌신이 사랑함의 기본적으로 필연적인 요소를 구성한다고 가정하자. 그리고 또한 어떤 사람의 이익이 그의 사랑 대상에 의해 규정된다고 가정하자. 그러면 사람의 자기 자신에 대한 사랑은 본질적으로, 그가 사랑하는 것이 무엇이든 간에 그 사랑 대상을 포괄하는 일련의 대상을 향한 헌신에서 그냥 성립한다는 결론이 도출된다. 그런데 만일 사람이 사실상 정말 사랑하는 어떤 것이 존재한다면, 그는 물론 필연적으로 이미 그것에 헌신하고 있다. 그런데 자기-사랑이 그가 참으로 그의 사랑 대상에 헌신하고 있다는 점을 의미하기 때문에 그가 그 자신도 아울러 사랑한다고 말하는 일은 그가 그러한 사물에 헌신하고 있다는 주장에 아무것도 더하지 않는 것으로 보인다. 따라서 자기-사랑은 사람이 사랑하는 사물을 사랑하는 일 바로 그 안으로 붕괴되어 들어가는 것처럼 보인다. 사람들이 도대체 어떤 것을 사랑하는 동안에는, 그들은 자기 자신을 사랑하기를 피할 수 없는 것처럼 보인다. 만일 누군가 어떤 것을 사랑한다면, 필연적으로 그는 자신을 사랑한다.

10

하지만 이런 생각은 너무 성급하다. 내가 지금까지 제공한 설명이 보여주는 것보다 상황이 오히려 덜 명확하기 때문에, 더 많이 말할 필요가 있다. 두 가지 유형의 복잡성이 고려되어야 한다. 각각의 유형은 내 설명이 어떻게 보완되거나 수정되어야 하는가 하는 문제 및 자기-사랑이 마침내 어떻게 이해되어야 하는가 하는 문제와 상당한 연관이 있다.

첫째, 그럴듯하게 '자기the self'로 지시될 수 있는 것과는 구별되는 다른 사물에 대한 사랑에 자기-사랑이 본질적으로 의존한다는 명제와 연관되어 발생하는 복잡성이 존재한다. 자기-사랑이 (자기라는) 이러한 대상에 전혀 집중하고 있지 않음은 사실이다. 그럼에도 어떤 사람이 실제로 다른 어떤 것을 사랑하지 않을지라도 사실적으로 자기 자신을 사랑할 가능성을 위한 여지가 마련되어야만 한다.

둘째, 어떤 사람이 사랑하는 대상이 무엇이든지 간에 필연적으로 그 대상에 헌신하고 있다는 명제와 연관되어 발생하는 복잡성이 존재한다. 확실히 이 명제는 어떤 의미에서는 동어반복 이상이 아니다. 하지만 어떤 대상을 사랑하는 사람이 진실로 그 대상에 헌신하고 있는지 아닌지를 결정하는 일에는 때때로 어려움이 있다. 이러한 어려움은 사람들이 사랑하는 것과 사랑하지 않는 것이 바로 무엇인지를 애매하지 않게 말하는 일을 불가능하게 하는 방식으로 사람들이 자신 안에서 분열될 수 있다는 사실로부터 발생한다.

11

자기-사랑이 사람들이 자기 자신과 동일하지 않은 사물을 사랑한다는 사정을 함의하느냐 아니냐 하는 문제와 무관하게, 자기-사랑은 그들이 그러한 사물을 사랑한다는 점을 인식하는 일을 요구하지 않음이 분명하다. 사람이 자기가 그렇게 하고 있다는 점을 알지 못하면서, 어떤 사람 혹은 어떤 사물을 사랑하는 일은 항상 가능하다. 사람이 사실상 그가 전혀 사랑하지 않는 것을 사랑하고 있다고 믿는 일도 항상 가능하다. 그러므로 사람들은 자기가 무엇을 사랑하고 있는지에 관해서 불확실함에도 (혹은 심지어 완전히 모름에도) 자기 자신을 사랑할 수 있다. 사랑은 의지의 형태이며, 이 형태는 다소 안정적인 다양한 경향과 제약으로써 구성되어 있다. 그런데 이러한 경향과 제약이 효율적으로 발현하는 일은, 경향을 갖고 있으며 제약을 당하는 당사자가 (즉, 사랑하는 사람이) 그 경향과 제약을 의식하는 일을 요구하지도, 보증하지도 않는다. 그 경향과 제약이 그의 태도와 행위를 지배하는 일에서 수행하는 역할에 관해 그는 완전히 모를 수 있으며, 심지어 그는 매우 확신하며 그 역할을 부정할 수도 있다.

자기가 무엇을 사랑하는지에 관한 무지와 오류는 자기–사랑을 전혀 방해하지 않는다. 자식에게 진정으로 중요한 것이 무엇인지 이해하는 일에서 부모가 실패할 수 있다는 사실을 생각해 보자. 정말로 자주 부모는 자식의 이익이 실제로 무엇인지에 관하여 심하게 잘못 알고 있다. 그러나 이것이 부모에게 자식 사랑이 없다는 점을 함의하지는 않는다. 우리가 부모가 자식의 이익이 무엇인지를 진지하게 알고자 하지 않는다고 믿는 경우에만 오로지, 우리는 자식에 대한 사랑이 부모에게 없다고 비난할 것이다. 만일 부모가 자식에게 무엇이 중요한지를 이해하려고 성심껏 노력한다면 이 노력은 부모 사랑을 설득력 있게 표출하는 데 충분하다. 부모가 자식의 진정한 이익을 이해하려는 진지한 노력을 하는 한에서, 비록 그 노력이 부적절하거나 실패할지라도, 부모는 자식을 사랑하고 있다.

자기-사랑도 똑같다. 자신이 사랑하는 것이 무엇인지 모르며 따라서 자신의 진정한 이익이 무엇인지 모르는 사람은 그럼에도 자신에게 기본적으로 중요한 것이 무엇인지를 이해하려는 단호한 노력a determined effort을 함으로써 (자신이 무엇을 사랑하는지 그 사랑이 무엇을 요구하는지에 관하여 분명해지려는 단호한 노력을 함으로써) 자신을 사랑하고 있음을 증명할 수 있다. 이것은 사랑은 사랑 대상의 진정한 이익에 대한, 사랑하는 사람 쪽의 관심을 요구한다는 원리로부터의 어떤 일탈도 함의하지 않는다. 사랑 대상의 진정한 이익에 대하여 관심을 갖는 일은 확실히, 사랑하는 사람은 그러한 이익을 올바르게 식별하고자 하는 보다 기본적인 욕구에 의해 아울러 움직여야 한다는 점을 요구한다. 사랑의 명령에 복종하기 위해서는, 사랑이 명령하는 것이 바로 무엇인지를 먼저 이해해야 한다.

12

첫 번째 유형의 복잡성에 연관된 보다 어려운 문제는 만일 어떤 사람이 이미 다른 어떤 것을 사랑하지 않으면 (그가 이를 알든지 모르든지 간에), 자기 자신을 사랑하는 일이 실제로 불가능한지 아닌지 하는 물음과 관계한다. 첫눈에는 자기 자신과 동일하지 않은 어떤 것에 대한 사랑이 없으면 자기-사랑이 미리 배제되는 것은 명백한 것처럼 보일 수 있다. 만일 사랑이 '사랑 대상이 사랑하는 것'에 관한 관심을 본질적으로 함의한다면 아무것도 사랑하지 않는 사람이 다른 사람이나 자기 자신에 의해 사랑받는 일이 어떻게 가능할 수 있는지를 파악하기 어렵다. 왜냐하면 만일 사람이 아무것도 사랑하지 않는다면 그를 사랑하는 다른 사람의 관심에 초점을 제공할 아무 대상도 없는 것처럼 보이기 때문이다. 그에 대한 사랑을 표현할 수 있는 어떤 방법도 없는 듯하다. 그는 다른 사람이 사랑하면서 보호하고 증진시키기 위해 마음 쓸 수 있는 어떤 이익과도 무관하기 때문에 사랑하는 사람이 해야 할 일이 전혀 없는 듯하다.

하지만 부모 사랑 모델에 다시 연관시켜 보면, 이러한 분석은 정말 지나치게 단순하다. 부모가 자식에 대한 사랑을 확실히 표출하는 때는 자식의 진정한 이익을 식별[확인]하고 지지하려고 시도할 때만이 아니다. 부모는 자식이 진정한 이익을 **소유하고** have 있음을 보증하기 위하여 그들이 할 수 있는 일을 수행함으로써 사랑을 표출할 수도 있다. 사랑하는 부모는 궁극 목적들이 없는 인생을 또는 아주 하찮은 궁극 목적들만 있는 인생을—이 목적들로 이루어진 인생은 전체로 혼란스럽게 파편적이고 거의 무의미하다—자기 자식이 살도록 저주받는 일을 원하지 않는다. 따라서 자식의 행복에 대한 부모의 관심은 필요할 경우, 자식이 사랑할 수 있게 되는 일을 도와주는 것과 자식이 사랑할 대상을 발견하는 일에서 도와주는 것, 이 양자에까지 자연스럽게 확장된다. 이것은 아무것도 사랑하지 않는 사람이 그럼에도 자신의 사랑하는 능력을 손상시킬 수 있는 개인적인 성품을, 그것이 무엇이든지 간에, 극복하려고 시도함으로써 또한 그가 사실상 사랑하게 될 대상을 발견하기 위한 적절한 노력을 함으로써, 자기 자신을 사랑하고 있음을 보여줄 수 있다는 점을 암시한다.

어떤 사람이 자신의 사랑 능력을 개선시키려고 진정으로 노력하고 사랑 대상의 수를 증가시키려고 진정으로 노력한다고 가정하자. 나아가 그는 이러한 일을 하지 않을 수 없으며 또한 어떤 후속하는 목표도 없다고 가정하자. 그를 움직이는 것은 그의 의지에 직접적으로는 종속되지 않는 성향 및 경향이며, 사랑함은 바로 그 자체 때문에 그에게 중요하다. 아마 그는 자신이 특별히 아무것도 혹은 생존 및 생존 요건을 많이 넘어서는 것은 아무것도 사랑하지 않는다는 점을 인식하지만 그러한 조건을 수정하기를 소원하는wish 사람일 것이다. 또는 그는 이미 많은 것을 사랑하지만 더 많이 사랑하기를 소원하는 사람일 수도 있다. 두 경우 가운데 어느 경우에도, 사랑을 발견하기 위하여 그가 할 수 있는 것을 수행하는 일에 대한 그의 관심을 자신에 대한 사랑의 표현으로 간주하는 것은 적절하다. 이는 부모가 자식이 사랑을 발견하는 일에서 도와주기 위해서 그들이 할 수 있는 일을 수행할 때, 부모가 자식에 대한 사랑을 표현하고 있다고 생각하는 것 못지않게 적절하다.

그렇다면 자기-사랑의 가장 기초적인 형태는 바로 '사람의 사랑하려는 욕구the desire of a person to love'다. 말하자면 그것은 사람이 자기 것으로 수용해야만 하는 목표를 가지려 하고, 그저 수단적 가치 때문이 아니라 그 자체를 위해서 헌신하는 목표를 가지려 하는 욕구다. 사람이 사랑하기를 욕구할 때 그가 욕구하는 것은 확신하는 확정된 목표를 갖고 행동하는 위치에 서 있는 일이다. 그러한 목표가 없으면 행위는 만족스럽지 않다. 아리스토텔레스가 말하듯이, 그 행위는 불가피하게 "공허하고 무의미하다." 우리에게 궁극 목적들을—이 목적들을 우리는 그 자체 때문에 평가하며 그 목적들에 대한 우리의 헌신이 그저 의도적voluntary, 자유 선택적인 것은 아니다—제공함으로써, 사랑은 한편으로 우리

사랑의 이유

가 비결정적으로 자의적인arbitrary 상태에 있는 일로부터 우리를 구제하고, 다른 한편으로 우리 인생을 공허한 활동 — 결정적인 목표가 없어서, 우리가 진짜로 원하는 것을 전혀 목표로 삼을 수 없기 때문에 이 활동은 기본적으로 무의미하다 — 안에서 낭비하는 일에서 우리를 구제한다. 달리 말하면, 사랑은 우리가 성실하게 유의미한 활동에 참여하는 일을 가능하게 한다. 자기 – 사랑이 바로 '사랑하려는 욕구'와 같은 한에서, 자기 – 사랑은 우리의 인생에서 의미를 소유하는 일을 기대할 수 있고자 하는 욕구a desire to be able to count on having meaning in our lives, 의미소유 기대 욕구일 따름이다.**28**

---

28 인간들이 이 욕구를 소유하지 않을 수 없는 정도만큼, 우리는 사랑함을 사랑하도록 구성되어 있다. 그 경우, 사랑함은 우리에게 본래적으로 중요하며 본성상 우리의 진정한 이익이다. 그러나 아마, 우리가 사랑함을 사랑하든지 (혹은 사랑함에 마음 쓰든지) 아니든지에 무관하게 사랑함이 우리에게 중요하고 우리의 진정한 이익이라고 주장하는 일은 합리적일 것이다. 이 경우 사랑함, 중요성, 이익 사이의 관계에 관하여 내가 앞에서 제기한 주장의 표현은 약간 변경될 필요가 있다.

13

앞에서 내가 언급한 두 번째 복잡성은 다음 가능성과 연관된다. 사람들은 가끔 자기 내부에서 그들이 무엇을 사랑하고 무엇을 사랑하지 않는지에 관한 물음에 무조건적이고 분명한 대답을 제공하는 일이 불가능할 정도로 분열될 수 있다. 어떤 사람이 진실로 어떤 것을 사랑하지만 그가 그것을 사랑하기를 원하지 않는 일이 동시에 참일 수 있다. 그의 한 부분은 그것을 사랑하고 다른 부분은 그것을 사랑하지 않는다고 말할 수 있다. 그것을 사랑하는 일에 대립하며 그것을 전혀 사랑하지 않았으면 하는 그의 부분이 존재한다. 한마디로, 그 사람은 상반된 감정을 갖고 있다ambivalent.

이러한 유형의 갈등이 해소되어 그 사람이 상반감정병존에서 해방되기 위해서는 갈등하는 충동 가운데 어떤 하나가 반드시 사라질 필요는 없다. 어떤 하나의 힘이 증대되거나 감소될 필요조차 없다. 갈등 해소는 그he가 갈등의 어느 쪽에 서 있는지에 관하여 스스로 마침내 애매하지 않게 분명해지기만을 요구한다. 그러면 다른 편을 위하여 동원된 세력은 이전과 마찬가지의 강도로써 계속 존립할 수 있다. 그러나 그가 스스로 어디에 서 있는지를 결정적으로 확립하자마자 그의 의지는 더 이상 분열되지 않고 상

사랑의 이유

반감정병존은 아울러 사라진다. 그는 자신을 갈등하는 충동 가운데 하나 뒤에 성실하게wholeheartedly 세워두었고 다른 것 뒤에는 전혀 세워두지 않았다.

이러한 일이 생기면 그 사람이 — 결단함으로써 또는 다른 방식으로 — 그것에 대항하고자 결심하게 되었던 성향은 어떤 의미에서 밀려나게 되어 외적인 것으로 변한다. 그 성향은 그의 의지에서 분리되어 낯설어진다. 한번 그런 일이 이루어지면 그의 내부 갈등은 지금은 소외된 이러한 성향이 단지 어떤 반대 경향성에 의해서만 대립되는 갈등이 더 이상 아니다. 소외된 성향에 **그 사람the person**이, 그에 대한 이 성향의 공격에 저항하려는 그의(의지적으로 통일하게 된 행위자인 그의) 시도 안에서 반대한다. 만일 그럼에도 그 소외된 성향이 매우 막강한 것으로 입증된다면, 그 성향이 극복하는 것은 그냥 대립하는 경향성이 아니다. 그 막강한 성향은 그 인간 자신을 극복한다. 패배당하는 것은 바로 그 사람 자신이지, 그저 그 사람 안에서 작동하는 몇몇 성향 가운데 하나인 것은 아니다.

하지만 이러한 유형의 많은 경우, 그 사람은 어느 쪽에 서야 할지를 단 한 번에 결정할 수 없다. 그는 그의 의지의 대립적 성향 가운데 어느 하나 또는 다른 하나와 결정적으로 동일시하는 일을 감행할 수 없다. 사랑하려는 성향 뒤에 설 것인가 혹은 그 성향을 파괴하고 사랑함을 금지하게 하는 욕구 뒤에 설 것인가를 확실히 결정할 수 없다. 이러한 경쟁적인 힘 가운데 결국 어떤 힘이 지배하기를 선호하는지를 알지 못한다. 자신 안에서 발견하는 갈등하는 경향성들 각각에 대하여, 반대해야 할 것인지 혹은 지지해야 할 것인지에 대하여 그는 불확실하다.

이러한 경우 그 사람은 의지적으로 파편화되어 있다. 그의 의지는 불안정하며 비非일관적이고, 그를 동시에 대립적인 방향으로 또는 혼란스러운 순서로 움직인다. 그는 뿌리깊이 내재하는 상반감정병존에 시달린다. 이 상반감정병존 안에서 그의 의지는 계속 완강하게 비결정적이어서 그 결과 효과적으로 인도하는 권위를 갖지 못한다. 자신을 분열시키고 있는 그 갈등을 그가 해결하지 못하며 의지를 통일하지 못하는 동안에는, 그 사람은 자신과 불일치 관계에 있다.

예컨대 그가 어떤 여인을 사랑하는 일에 상반된 감정을 가지고 있다고 가정하자. 그의 한 부분은 그녀를 사랑하지만 다른 부분은 그녀를 사랑하는 일에 반대한다. 그리고 두 가지 변덕스러운 성향 가운데 어떤 것이 지배하기를 원하는지에 대하여 그 자신은 결정하지 못하고 있다.[29] 그런데 그가 자기 자신을 사랑하는 일은 그가 사랑하는 것이면 무엇이든지 사랑하는 일일 것이다. 그러나 그가 그 여인에 대한 사랑을 지지할 것인지에 관하여 혹은 자신을 사랑에 반대하는 일과 동일시하며 그의 힘을 반대하는 일에 동원할 것인지에 대하여 결정하지 못하고 있기 때문에, 그는 진실로 그녀를 사랑할 것인지에 대하여 결정하지 못하고 있다. 그러므로 그의 의지는 비非결정적이다. 그가 진짜로 그녀를 사랑하는지 진짜로 사랑하지 않는지에 대해서는 어떤 애매하지 않은 최종적 진리가 없으며 어떤 분명한 사실도 없다. 이에 상응하여 그가 자신을 사랑하는지에 관해서도 비결정적이다. 그 여인에 대한 그의 사랑처럼, 그의 자기 – 사랑도 단적으로 애매하다. 이 점에서 그는 그녀에 대해서처럼 자신에 대해서도 근본적으로 상반된 감정을 갖고 있다.[30]

---

29 이러한 상황은, 자신이 어떤 여인을 사랑하는지 사랑하지 않는지에 관한 그 사람의 불확실성이 그녀를 향한 그의 경향성과 태도가 실제로 무엇인가에 대해 그가 확신하지 못하는 불확실성인 상황과는 다르다. 사람의 심리적인 조건의 요소를 엄밀하게 식별[확인]하거나 특징짓는 문제는 심리적인 갈등을 해소하는 문제와 같지 않다.

30 자식에 대한 사랑을 그 자식이 사랑하는 일을 돕는 관심으로써 표출하는 부모처럼, 이 사람은 자신에 대한 사랑을, 그녀에 대한 자신의 상반감정병존을 해소하려는 관심으로써 표출할 수 있다. 그 경우, 그의 자기-사랑은—그의 인생의 이러한 측면이 문제인 한에서—그가 자기 자신을 사랑하는 일을 [혹은 그가 정말로 분명히 사랑하는 약간의 사물이 이미 존재한다는 전제 아래서는, 그의 자기-사랑을 확대하는 일을] 가능하게 하려는 욕구라고 아마 말할 수 있을 것이다.

14

자기 - 의심Self-doubt은 근대 철학의 발생 모태였으며 계속하여 근대 철학 에너지의 많은 부분의 원천이었다. 지난 삼사백 년 동안 철학자들이 자기 자신, 즉 자신의 인지적 능력 및 도덕적 능력에 관하여 제기한 이론적인 의심은 그들의 가장 탁월한 지성적인 야망과 가장 생산적인 연구를 규정하고 키워냈다. 이와는 별도로, 자기 자신에 대한 보다 개인적인 다양한 의심은─이 의심 때문에 사람들은 보통 지속적으로 고통을 받는다─우리[서양] 문화의 특성을 형성하는 일에 광범위한 영향을 주었다. 알다시피 현대 생활의 생명력과 풍미는 극단적인 상반감정병존의 양태 때문에 손상되고 변질되었으며, 그 양태는, 데카르트와 그 후계자가 자신에게 부과했던 회의적인 방해물보다 한층 더 날카롭고 한층 더 위급하였다.

말할 필요 없이, 상반감정병존 이야기는 아주 오래된 이야기다. 그것은 근대에 시작된 것이 아니다. 오랫동안 인간은 분열된 의지와 싸워왔으며, 자기 자신으로부터의 소외와도 싸워왔다. 성 아우구스티누스는 자신의 삶에서 상반감정병존과 씨름하였으며 그것을 일종의 병으로 이해했다. 그는 상반감정병존의 특성을 다음과 같이 표현했다.

마음은 스스로에게 의지 작용을 하라고 명령한다. …… 그러나 마음은 이 일을 수행하려는 완전한 의지가 없다. 그러므로 마음의 명령은 완전히 하달되지 않는다. 마음은 마음이 욕구하는 한에서 명령을 내리고, 마음이 욕구하지 않는 한에서 명령은 수행되지 않는다. …… 부분적으로 어떤 일을 하려고 하고 부분적으로 그 일을 하지 않으려고 하는 것은 이상한 현상이 아니다. 그것은 마음의 병의 하나다. …… 그러므로 우리 안에 두 개의 의지가 있다. 왜냐하면 그 둘 중 어느 하나도 홀로 전체 의지가 아니며, 각각의 의지는 다른 의지가 결여하고 있는 것을 소유하기 때문이다.[31]

성 아우구스티누스는 이 상반감정병존은 그것이 수반하는 불편 및 불만과 함께 원죄 때문에 신이 우리에게 부과했을 것이라고 생각했다. 아마 그 원인은 "인간에 대한 비밀스러운 처벌이며 아담의 아들에게 깊은 어두운 그림자를 던지는 참회일 것"이라고 그는 말한다. 그러므로 분열된 의지로부터 의지적 통일 상태로의

---

[31] 이 인용과 그다음 인용의 출처는 Confessions 8. 9이다.

탈출은 신의 초자연적인 도움이 없으면, 우리에게 불가능할 것이라고 그는 제안하고 싶었다.

만일 상반감정병존이 마음의 병이라면 마음의 건강은 통일된 의지를 요구한다. 말하자면 마음이 성실한wholehearted, 全心인 한에서 (적어도 마음의 의지적 기능에 관하여) 마음은 건강하다. 성실함은 '분열되지 않은 의지를 갖고 있음'을 의미한다. 성실한 인간은 그가 원하는 것에 관하여 그리고 그가 마음 쓰는 것에 관하여 완전히 안정되어 있다. 성향이나 경향의 어떤 내부 갈등에 대해서도 그는 어디에[어느 쪽에] 그가 서 있는지에 관하여 어떤 의심이나 유보도 없다. 그는 마음 씀과 사랑함에 애매함과 유보 없이 전념한다. 그러므로 그의 궁극 목적들을 규정하는 의지적인 형태와 그가 동일시하는 일은 방해받지도, 제한되지도 않는다.32

이러한 성실한 동일시는 자기 자신에 대한 그의 태도 안에 어떤 상반감정병존도 없음을 의미한다. 사랑 대상을 그가 사랑하는 일에 저항하는 그의 부분, 즉 그가 동일시하는 부분이 전혀

---

32 성실함이 '닫힌 마음을 갖고 있음'을 함의하지 않는다는 점을 지적하는 일이 아마 중요할 것이다. 성실한 사람이 광적인 사람일 필연성은 없다. 자신이 어디에 서 있는지를 무조건적으로 알고 있는 어떤 사람은 그럼에도 그 위치를 변경할 이유에 대해 진지하게 주목할 준비가 상당히 되어 있을 수 있다. 신뢰함은 완고함이나 우둔함과 다르다.

없다. 그가 사랑 대상에게 바치는 헌신에는 어떤 애매성도 없다. 그가 자기에게 중요한 사물에 성실하게 마음 쓰기 때문에 그가 그 자신에게 마음 쓰는 일에서 성실하다고 말하는 일은 올바르다. 달리 말하면, 그가 그러한 사물을 사랑하는 일에 성실한 한에서 그는 성실히 자기 자신을 사랑한다. 그의 성실한 자기 – 사랑은 그의 통일된 의지의 성실성이거나 그 성실성에 의해 엄밀히 구성된다.

15

성실함은 자기 자신을 사랑함**이다**ist. 그 둘은 동일하다. 키에르케고르는 책 제목 하나로 "마음의 순수성은 하나의 사물을 원하는 것이다."라는 단호한 선언을 사용하였다. 너무 글자 그대로 받아들이면, 이는 부정확하다. 하나의 사물을 원하는 사람들이 순수하지being pure는 않다. 그들은 외골수being single-minded일 뿐이다. 어떤 사람의 마음이 순수한 정도는 그 사람이 얼마나 많은 사물을 원하느냐의 함수가 아니다. 오히려, 그것은 대상을 어떻게 원하는가에 달려 있다. 중요한 것은 욕구 대상의 수량이 아니라 의지의 성질, 즉 의지의 완전성integrity이다.

사람들이 좁게 집중함으로써 마음의 순수성을 얻는 것은 아니다. 순수한 마음은 의지적으로 통일된 어떤 사람, 따라서 충분히 완전한 어떤 사람의 마음이다. 순수성은 분명히 키에르케고르가 전하려고 했듯이, 성실함이다. 어떤 사람이 성실한 정도만큼, 그의 의지의 어떤 부분도 그에게 낯설거나 대립하지 않는다. 그는 의지의 어떤 요소에 의해서도 피동적으로 침해당하거나 강요당하지 않는다. 그의 의지가 순수하게 자신의 것이라는 의미에서 그의 마음은 순수하다.

그러므로 자기-사랑은 성실한 의지의 순수성이다. 그러나 그래서 어떻다는 말인가? 우리가 특별히 성실성에 관심을 가져야 할 무슨 이유 혹은 우리가 특별히 성실하기를 열망할 무슨 이유라도 있는가? 무슨 근거에 입각하여 우리는 특별히 순수성에 마음 써야 하는가? 왜 우리는 자기-사랑을 바람직하고 중요하다고 생각해야 하는가? 완전성과 분열되지 않은 의지에서 무엇이 그토록 놀라운 것인가?

분열되지 않은 의지를 지지하는 이유 하나는, 분열된 의지는 본래 자기-파괴적이기 때문이다. 의지의 분열은 사유의 영역에서의 자기-모순에 상응하는, 행위 영역에서의 대응물이다. 자기 - 모순적인 신념은 우리에게 동일한 판단을 받아들일 것과 동시에 거부할 것을 둘 다 요구한다. 그러므로 그것은 인지적인 실패를 보증한다. 비슷하게 의지 안에서의 갈등은 동시에 반대 방향으로 행동하게 함으로써, 행위의 효율성을 불가능하게 한다. 그렇다면 성실성의 결핍은 일종의 비합리성이다. 이 비합리성은 우리의 실천 생활을 감염시키고 비일관적인 것으로 만든다.

같은 이유로 분열되지 않은 의지의 내적인 조화를 즐기는 일은 기본적인 유형의 자유를 소유하는 일과 같다. 사람이 자기 자신을 사랑하는 동안에 (달리 말하면, 그가 의지적으로 성실한 정도만큼) 그는 자신의 의지의 어떤 운동에도 저항하지 않는다. 그는 그 자신과 상충[불일치]하지 않는다. 그는 실천적인 추론 및 행위에서 자기 - 사랑이 내포하는 사랑을 (이 사랑이 무엇이든지 간에) 표현하는 일에 반대하지 않거나 방해하려고 하지 않는다. 그는 사랑 대상을 사랑하는 일에서 자유롭다. 적어도 그의 사랑함이 그 자신에 의해 방해받거나 간섭당하지 않는다는 의미에서, 그는 사랑함에서 자유롭다.

그러므로 자기 - 사랑은 장점을 갖는다. 한편으로 의지적인 합리성의 구조, 다른 한편으로 의지의 이러한 구조가 보증하는 자유의 양태, 이 양자를 구성하는 일이 바로 자기 - 사랑의 역할이다. 우리 자신을 사랑하는 일은 우리에게 바람직하고 중요하다. 왜냐하면 그것은 우리 자신에 만족하는 일과 다소 같기 때문이다. 자기-사랑과 동등한 이러한 자기-만족은 오만한 (현실 안주적인) 자기 만족감의 문제가 아니다. 또한 그것은 우리가 어떤 가치 있는 일을 성취했다는 느낌이나 야망을 성취하는 데 성공적이었다는 느낌도 아니다. 오히려 그것은 그 안에서 우리가 우리 자신의 의지적 정체성volitional identity을 기꺼이 수용하고 지지하는 상태이다. 우리는 궁극 목적들에 만족하고 우리 의지를 정말 핵심적으로 규정하는 것인 사랑함에 만족한다.[33]

---

33 스피노자에 따르면, 자기-사랑, 혹은 우리 자신에 만족함은 "진실로, 우리가 희망할 수 있는 최고의 것이다"(Ethics 4.52S). 이것은 자기-사랑 혹은 자기-만족이 사람들을 행복하게 만들기에 충분하거나 인생을 좋게 만들기에 충분하다는 사정을 의미하지는 않는다. 결국, 자기 자신에 만족하는 것은 사태의 진전에 실망하는 것과 양립 가능하고, 우리가 정말 진지하게 수행하려고 시도한 일에서 실패했다는 인식과 양립 가능하며 그리고 이러한 불운이 당연히 낳는 불행과 양립 가능하다. 그런데 그것들에 대하여 희망하는 일도 또한 합리적일 수 있는 다른 좋은 사물들이, 예컨대 더 큰 권력, 더 많은 재능, 더 나은 행운이 존재한다. 우리가 우리 자신에 만족한다는 사실이 우리의 인생에 만족한다는 사정을 내포하지는 않는다. 그럼에도 아마 스피노자가 옳을 것이다. 자기 자신을 사랑하는 일은 모든 일 가운데 '최고'의 일이거나 가장 중요한 일일 것이다.

사랑의 이유

16

자기-사랑 그 자체가 특별한 내용이 없기 때문에 그것은 어떤 내재적이고 기본적인 가치도 소유할 수 없다고 주장할 수 있다. 성실성은 결국 의지적 통일성이나 완전성volitional unity or integrity에 연관된 구조적 특성일 따름이다. 어떤 사람에게 성실성을 속성으로 인정하는 일은 그의 의지의 실제적인 성향과 방향을 식별하거나 사랑하는 특별한 대상을 찾아내는 데 아무 도움도 되지 않는다. 더욱이 자기-사랑은 그 자체로, 도덕적 가치 및 도덕과 무관한 가치, 양자에 관하여 중립적이다. 그것은 어떤 본질적인 평가적 영향력도 갖지 않는다. 사람은 어쨌든 그가 성실히 어떤 것을 사랑하는 동안에 자기 자신을 사랑한다. 그가 사랑하는 것의 가치는 그가 그것을 사랑하는 일에서 성실한가 하는 물음과는 무관하다.

이는 평가적으로 규정할 수 없는 것 또는 나쁜 것이나 사악한 것을 어떤 사람이 성실히 사랑할 가능성을 열어 둔다. 그와 같은 것들에 대한 갈등 없고 분명한 사랑이 불가능하다는 점을 증명하기 위한 시도가 가끔 행해진다. 많은 철학자와 종교 사색가는 만일 의지가 도덕성의 요구에 의해 효과적으로 인도되고 제한되지 않는다면, 의지가 자기 자신과 불가피하게 갈등 관계에 놓이지 않을 수 없다는 점을 증명하기를 희망했고 시도했다. 만일 그들의 논의가 옳다면, 그것은 오로지 좋은 의지만이 순전히 성실할 수 있음을 의미할 것이다.

하지만 사실 그들의 논의는 설득력이 없다. 정말로, 그들이 논의로써 지지하려고 한 계획은 가망이 없는 것처럼 보인다. 성실함은 '도덕적으로 약간 불완전함'과 양립 가능할 뿐만 아니라, 심지어 '무시무시한 구제 불가능한 사악함'과도 양립 가능하다. 자기–사랑의 가치와 중요성이 무엇이든지 간에 그것은 최소의 올바름조차 보증하지 않는다. 자신을 사랑하는 사람의 인생은 그 성실성 때문에 부러워할 만하지만enviable, 전혀 훌륭하지는admirable 않을 수 있다. 사랑의 기능은 사람들을 좋게good 만드는 일은 아니다. 사랑의 기능은 바로 사람들의 인생을 유의미하게meaningful 만드는 일이며, 그럼으로써 그러한 방식으로 인생을 사람들이 살아가기 좋게 만드는 일이다.

17

성실함은 획득하기 어렵다Wholeheartedness is difficult to come by. 우리가 자신에게 만족하는 일은 쉽지 않다. 우리는 사랑 대상에 대하여 불확실성과 상반감정을 갖기 너무 쉽다. 성 아우구스티누스는 자기-사랑에 대한 장애를 본성적인 것으로 간주했을 뿐만 아니라, 아마 신이 우리에게 불어넣어 주었을 것으로 간주했다. 그러므로 그 장애를 극복하는 일에는 어떤 기적이 필요할 것이라고 어렴풋이 느꼈다. 나 자신의 관찰에 따르면, 어떤 사람은 본성상 성실한 경향을 갖고, 다른 사람은 그렇지 않은 경향을 갖는다. 어떤 사람이 인생에서 상당한 정도의 성실성을 달성하느냐 하는 문제는 행운의 유전적 양태 및 다른 양태에 정말 많이 의존할 것이라고 나는 추측한다. 아마 이러한 관찰은 성 아우구스티누스가 그것은 신적인 명령의 문제라고 제안할 때 가졌던 그의 생각과 실제로 많이 다르지 않은 듯하다. 어쨌든, 우리가 우리에게 (우리 자신이 아닌) 다른 어떤 것을 사랑하도록 권유할 수 없는 것처럼 우리에게 우리 자신을 사랑하도록 권유할 수 없음도 분명하다.

그런데 모든 것을 고려해볼 때, 우리가 우리 자신을 사랑할 수 없음이 밝혀진다면 어떻게 될까? 우리가 우리의 성실함을 방해하며 끼어드는 의심과 난점을 극복할 수 없다고 가정하자. 또한 우리가 가망 없이 계속 자기 - 사랑을 박탈당한 채로 있다고 가정하자. 나는 이 책의 제1장에서 인간과 다른 동물 사이의 본질적인 차이는 동물은 반성할 줄 모른다는 점이라고 말한 바 있다. 동물들은 그들이 무슨 짓을 하고 있는지, 그들 자신에 대해 무엇을 생각해야 하는지를 알고 싶어 하지 않는다. 동물들은 그들이 무엇이고 누구인지에 관하여 마음 쓰지 않는다. 달리 말하면, 그들은 자신을 진지하게 생각하지 않는다. 반면에 우리는 자신을 진지하게 생각할 **수 있다**can. 자주 우리는 자신을 진지하게 생각한다. 물론 바로 이러한 일의 결과로, 우리는 자신에 대해 불만스러워할 수 있다.

우리가 자신을 **너무**too 진지하게 생각하지 않는 것이 좋은 생각일 것이다. 나는 마무리로, 내 사무실에서 멀지 않은 사무실에서 일했던 어떤 여인(전문 철학자가 아닌 비서)과 수년 전에 나누었던 대화와 관련지어, 이 점을 명백히 하고자 한다. 나는 그녀를 아주 잘 알지는 못했다. 우리는 약간 안면이 있었을 뿐이었다. 그런데 그녀의 외모는 매우 훌륭했으며, 나는 당시 미혼이었다. 어느 날 우리는 보통 때보다 조금 더 사적으로 이야기하게 되었다. 대화의 과정에서 그녀는, 친밀한intimate 관계에서 정말로 중요한 것 딱 두 가지는 정직과 유머 감각honesty and a sense of humor이라고 자신의 생각을 말했다. 이 주장은 비록 너무 상식적이지만, 적어도 최초의 접근으로서는 일리가 있다는 느낌이 들었다. 하지만 내가 응답할 기회를 잡기 전에, 두 번째 생각이 그녀에게 떠올랐고 그것은 상식과는 매우 거리가 있었다. "그런데요 정직에 대해 나는 정말 매우 확신하지는 않아요. 비록 사람들이 당신에게 진실을 말한다 해도, 그들이 마음을 너무 빨리 바꾸어서 당신은 어쨌든 그들을 믿을 수 없을 거예요."

여기서 나의 조언은 다음과 같다. 당신이 무엇을 하든 간에 또는 얼마나 열심히 노력하든 간에 당신이 그냥 성실할 수 없다고 가정하자. 불확실성과 상반감정병존을 극복하는 일이 당신에게 불가능하고 당신 마음은 앞뒤로 흔들리지 않을 수 없다고 말하자. 만일 당신이 억제와 자기 – 의심 때문에 항상 고통을 당할 것이라는 사정이 마침내 확실히 분명해진다면, 만일 당신이 현재의 당신에 완전히 만족하는 데 결코 성공할 수 없을 것이라는 사정이 마침내 확실히 분명해진다면, (만일 진정한 자기 – 사랑이 당신에게 진짜로 불가능하다면,) 그렇다면 적어도 유머 감각만은 확실히 지녀야 한다.

감사의 글

2000년 나는 프린스턴 대학교에서 '규범, 사랑 및 인생 목표에 관한 생각'이라는 폭넓은 제목으로 '로마넬-파이 베타 카파 철학 강의Romanell-Phi Beta Kappa Lectures in Philosophy'를 했다. 2001년에는 런던 대학에서 '셔먼 강의Shearman Lectures'로 똑같은 내용을 강의했다. 이 책은 그 강의를 약간 수정한 것이다.

사랑의 이유

우선 이 번역서를 흔쾌히 출판해준 도서출판 씨아이알의 모든 분께 깊이 감사드린다. 특히 책임 편집인인 박영지 편집장, 최장미 선생의 노고에 다시 한번 감사드린다. 덕분에 최초 번역의 생경한 직역 표현이 한층 더 부드러워졌다. 물론 오역의 책임은 전적으로 역자의 몫이다. 세상 도처에서 듣고 쓰는 '사랑'이라는 말의 뜻을 파악하려 함은 사람의 할 일이라고 생각한다. 역자가 만난 사랑에 관한 문헌들 가운데 이 책이 상당히 명쾌한 설명 하나를 제공하고 있다. 다음은 간략한 내용 요약이다.

* * *

≪사랑의 이유≫를 쓴 프랭크퍼트는 가치론의 관점에서 볼 때 가치 주관주의자이다. 즉, 가치가 사랑의 원인이 아니라, 사랑이 가치의 원인

이라는 근본 입장이 그의 주장이다. 따라서 사랑에는 이유가 없고 사랑이 이유를 창조한다.

제1장에서 저자는 사랑이 문제되는 마당을 보여준다. 우리 사람의 삶이 그 마당이다. "우리는 어떻게 살아야 하는가?"라는 철학의 실천적인 근본 물음 때문에 사랑이 등장한다. 보통 이 물음을 해명할 때 사용하는 기본 개념은 욕구desire, want 개념이다. 그러나 저자는 이러한 애매한 개념이 아닌 어떤 특별히 중요한 핵심 개념에서 출발한다. 마음 씀 caring about 개념, 또 마음 씀의 특별한 양태인 사랑love 개념이 그것이다. 우리는 무수히 많은 욕구를 품을 수 있다. 그러나 행위동기가 되는 욕구는 내가 나의 의지will로 인정하는 욕구이다. 즉, 마음 씀은 욕구에 대한 욕구, 반성적 욕구, 상위−순서 욕구higher-order desire이다. 결국 마음 씀은 자아 정체성 형성 기능을 갖는다. 또한 마음 씀은 세상에 중요성을 부여함으로써 우리의 세상을 형성한다. 이런 식으로 사랑이 나와 세상을 살린다. 프랭크퍼트는 규범의 문제는 사실의 문제에 근거해야 한다고 본다. 따라서 "어떻게 살아야 하는가?"라는 물음은 "어떻게 살고 있는가?"라는 물음에 의존한다. 즉, "무엇을 실제로 사랑하는가?"라는 사실적 물음이 더 중요하다. 그는 범汎−합리주의적인 선험주의자가 아니라 경험주의자이다. 우리의 삶을 지배하는 것은 이성reason의 명령이 아니라 사랑love의 명령이다. 규범, 당위, 정당화, 올바름은 우리의 삶의 사실에서, 사랑의 명령에서 유래할 따름이다.

제2장에서 저자는 사랑의 본성을 밝힌다. 어떤 대상에 관하여 수단으로서가 아니라 목적으로서 마음 쓰는 일이 바로 사랑이다. "사랑은 사랑 대상의 현존에 대한 사심 없는 관심[마음 씀]이며 사랑 대상에게 좋은 것에 관한 사심 없는 관심이다." 역자가 보기에 이러한 사랑 개념은 '존재의 긍정'을 중시하는 전통적인 사랑 개념이다. 이제 프랭크퍼트의 설명이 이어진다. 사랑은 지성이나 감정이 아니다. 사랑은 의지다. 즉, 저자는 남녀의 감정적인 사랑보다 부모의 자식 사랑이 순수한 사랑에 더 가깝다고 본다. 사랑은 비개인적인 보편적인 아가페가 아니다. 사랑은 특수 개인에 대한 사랑이다. 아가페는 사심 없는 사랑이지만 개인적인 사랑이 아니다. 사랑은 대체 불가능한 특수 개인을 대상으로 한다.

사랑이 모두 우리의 직접적이고 즉각적인 의지의 통제 아래 있지는 않다. 사랑의 필연성, 의지적 필연성은 우리 인간의 생물학적, 심리학적, 환경적인 사실에 근거하기 때문에 사실적[경험적]인 필연성이다. 그것은 절대적 필연성이 아니라 상대적 필연성이다. 우리의 사랑은 완전히 보편적인 이성의 필연성과는 달리 개인적이지만, 자의적이지는 않다. 경험적으로[사실적으로] 필연적인 사랑 대상들 사이의 선호와 우선순위는 사랑하는 자가 결정한다. 여기서 자신에 대한 반성적 신뢰, 곧 심리적인 완전성[통일성]이 적당한 일관성을 보증한다. 이러한 사랑의 필연성은 이성의 필연성처럼 우리의 부담을 경감시키며 이로써 우리를 해방시킨다. 사랑은 의지의 구속이지만, 놀랍게도 사랑은 우리를 자유롭게 한다.

전통적인 물음의 하나는 "왜 우리는 사랑함을 사랑하는가?"이다. 이 물음에 대해 프랭크퍼트는 궁극 목적, 최종 가치가 없으면 우리의 삶은 공허하다는 아리스토텔레스의 주장을 수용한다. 즉, 우리는 (심리적인) 자기를 보존하려는 본능을 가지고 있으며 바로 이 본능의 발현이 사랑이다. 궁극 목적, 최종 가치의 발생 원천이며 중요성의 창조자인 사랑은 실천적인 우유부단을 끝내는, 실천적 합리성의 최종 근거이다. 이로써 사랑은 우리로 하여금 무의미한 지루한 인생이 아닌 의미 있는 삶을 살게 한다.

그런데 여기서 문제가 생긴다. 사랑 대상인 내 자식은 나에게 중요하다. 사랑함도 나에게 중요하다. 내가 자식을 사랑할 때, 나를 위해 내 자식을 수단으로 사용하는가? 도대체 '사심 없는 사랑'이 가능한가? 모든 사랑은 사랑 대상의 이익이 아니라 사랑하는 자 자신의 이익을 위한 '사심'이 아닌가? 여기서 저자는 '(궁극) 목적과 수단의 필연적 전도 가능성' 이론을 새롭게 제시한다. 이는 물론 인간의 활동이라는 영역 안에 나타나는 수단적인 활동에 해당하는 규칙이다. 그런데 이 수단적인 활동은, 그 자체로 볼 때, 우리가 해야 할 가치가 있다고 간주하는 중요한 활동이다. 그러므로 수단적으로 가치 있는 활동은 그것이 유용하다는 바로 그 이유 때문에 필연적으로 내재적 가치를 갖는다. 마찬가지로 내재적으로 가치 있는 궁극 목적은 필연적으로 수단으로서 가치가 있다. 왜냐하면 궁극 목적은 '해야 할 가치가 있는 어떤 일을 가지고 있음'이라는 내재적으로 가치 있는 목표를 달성하기 위한 본질적 조건이기 때문이다. 궁극 목적과 수단 사이의 전도 가능성은 바로 사랑 대상의 이익과 사랑함 자체에 적용할 수 있다. 사랑하는 사람은 사랑 대상 자체를 위하여 사랑 대상에 마음 쓴다. 그런데 사랑 대상은 '사랑 대상을 사랑하는 일이라는 내재적으로 중요한 활동을 즐기는 일'의 필연적인 조건이다. 따라서 사랑 대상은 사랑하는 사람에게 수단적인 가치를 필연적으로 소유한다.

이로써 프랭크퍼트는 '사심 없는 자기 - 사랑disinterested self-love'이 가능하다고 본다. 타인의 이익에 비이기적으로 헌신하는 일과 자기 자신의 이익을 추구하는 일은 역설처럼 보이지만 양립가능하다. 전자는 어떤 동일한 하나의 일에 관한 직접적인 파악이고 후자는 반성적인 파악이다. 사랑하는 사람이 사랑 대상과 자신을 어느 정도 동일시한다는 사정이 인정된다면, 역설적인 외양의 부담은 줄어들 수 있다. 역자가 보기에 '통일의 힘' 및 '동일시'는 앞서 언급한 '존재의 긍정'과 함께 거의 모두가 인정하는 사랑의 특성이다. 말하자면, 사랑하는 사람은 사랑 대상에게 투자하고 있다. 사랑하는 사람은 사랑 대상의 성공으로부터 이득을 취한다. 동일시 때문에 사랑하는 사람의 이타심과 자기 - 이익은 일치할 수 있다.

제3장은 바로 자기-사랑을 깊이 다룬다. 프랭크퍼트의 자기-사랑은 칸트가 도덕성의 이름 아래 비판하는 이기심을 핵심으로 하는 경향성으로서의 자기-사랑이 아니다. 아리스토텔레스 전통의 자기-사랑이 여기서 주제이다. 프랭크퍼트에 따르면 1) 사심 없는 관심, 2) 개인에 대한 사랑, 3) 사랑 주체와 사랑 대상의 동일시, 4) 의지에 대한 억압이 사람 사이의 사랑의 네 가지 특성이다. 사랑의 네 가지 특성을 자기-사랑이 가장 순수한 방식으로 충족한다. 그다음 비교적 순수한 사랑이 부모의 유아에 대한 사랑이다.

'자기-사랑 잉여론'을 반박하면서 저자는 '사랑하고 싶어 하는 욕구' 혹은 '인생 의미 소유 욕구'를 자기-사랑의 핵심 의미의 하나로 본다. 또한 상반감정병존ambivalence 혹은 의지적 분열이라는 마음의 병이 치유된 상태가 마음의 건강인 의지적 통일성, 완전성인 자기-사랑이다. '분열되지 않은 마음을 가짐'은 바로 성실함wholeheartedness, 誠實이다. 그러므로 성실함이 자기-사랑이다. 자기-사랑, 성실함, 심장의 순수함, 의지의 완전성, 이 모든 것의 의미는 무엇인가? 일관성, 정합성, 실천적 합리성, 의지적 합리성이 하나의 대답이다. 저항 없고 방해 없는 활동이라는 점에서 자유가 또 하나의 대답이다. 따라서 자기-사랑은 한편으로 의지적인 합리성의 구조를 구성하고 다른 한편으로 의지의 이러한 구조가 보증하는 자유를 구성한다. 결국 자기-사랑은 자기-만족과 같다.

자기-사랑 및 성실함의 가치는 도덕적 가치와는 무관하다. 성실함은 도덕적 불완전성과 양립가능하고 심지어 사악함과도 양립가능하다. 사랑의 기능은 사람들을 도덕적으로 좋게 만드는 것이 아니라 그들의 인생을 유의미하게 만드는 것이다. 성실함, 자기-사랑, 자기-만족은 이루어내기 어렵다. 성실할 수 없다면 유머 감각만이라도 지녀야 한다고 프랭크퍼트는 위로한다.

사랑의 이유

초판인쇄 2017년 3월 10일
초판발행 2017년 3월 17일

저　　자 해리 G. 프랭크퍼트
역　　자 박찬영
펴 낸 이 김성배
펴 낸 곳 도서출판 씨아이알

책임편집 박영지, 최장미
디 자 인 김진희, 추다영
제작책임 이헌상

등록번호 제2-3285호
등 록 일 2001년 3월 19일
주　　소 (04626) 서울특별시 중구 필동로8길 43(예장동 1-151)
전화번호 02-2275-8603(대표)
팩스번호 02-2275-8604
홈 페 이 지 www.circom.co.kr

I S B N 979-11-5610-289-2 93190
정　　가 13,000원